JN066428

"よく動くカラダ"を手に入れる!

Stretching Moving Tensegrity structure

張力

フレックストレーニング

パーソナルトレーナー
日高靖夫

BAB JAPAN

40歳からどんな運動をしたらいいんだろう?
この本では、その答えがわかります。

この本は運動の本です。だからまずはカラダを動かすことから始めていきましょう！

①足を肩幅くらいに開き前屈をしてみてください。両手は床につきますか？

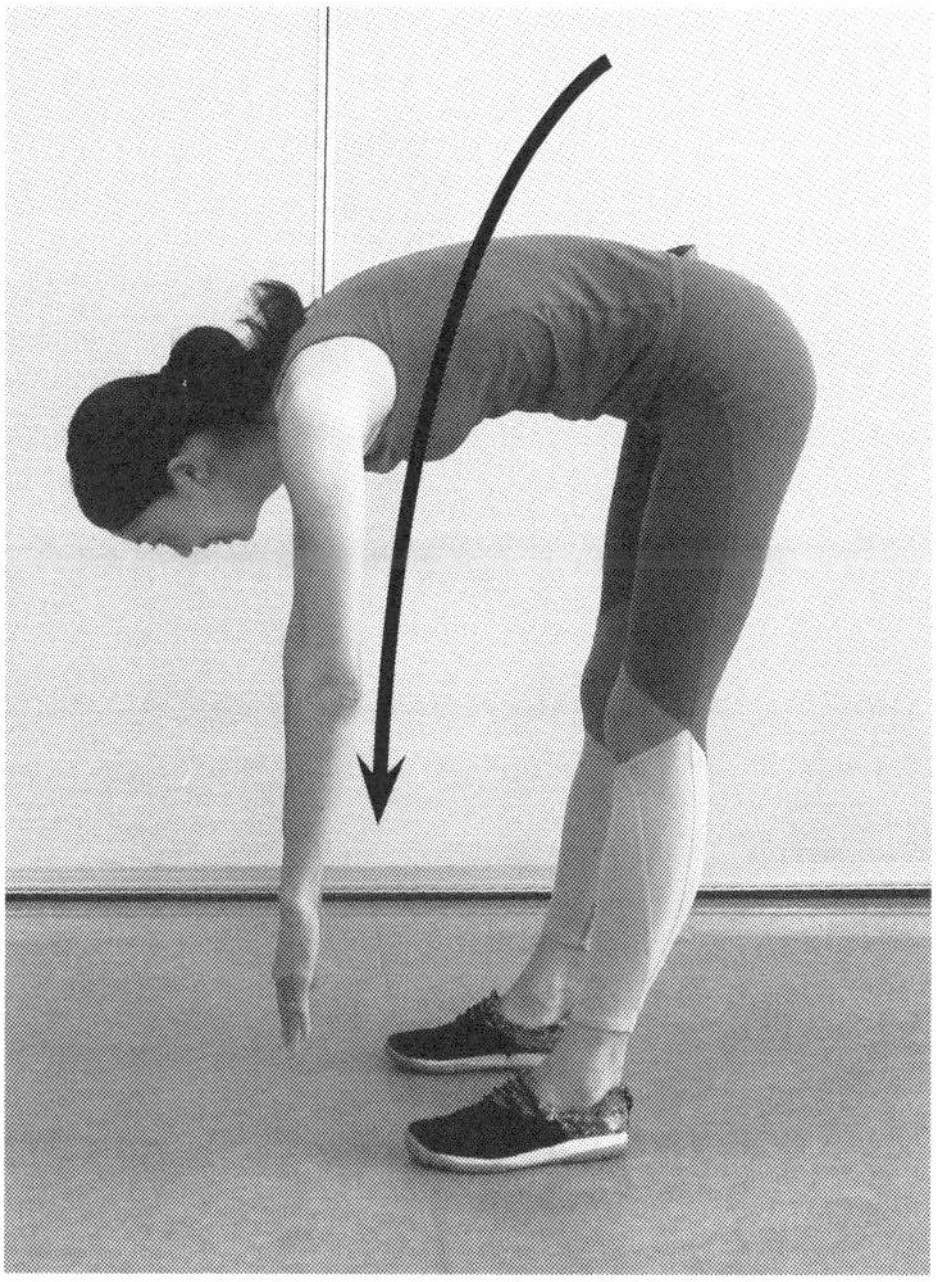

よくできました！：手のひらが床につく

いいですね！：指先が床につく

頑張ろう！：手がつかない

②　高さ40センチ程度の椅子に座ってください。片足で立ち上がれますか？

よくできました！：両足ともに立ち上がれる

いいですね！：左右どちらか一方の脚ならできる

頑張ろう！：両足とも立ち上がれない

③　片足立ちで、靴下は履けますか？

よくできました！：両足ともふらつかずに履ける

いいですね！：ふらつくが片足ならなんとか履ける

頑張ろう！：ふらついて何度も足をついてしまう、または履けない

お疲れ様でした。ではゆっくり座って、こちらをご覧ください。

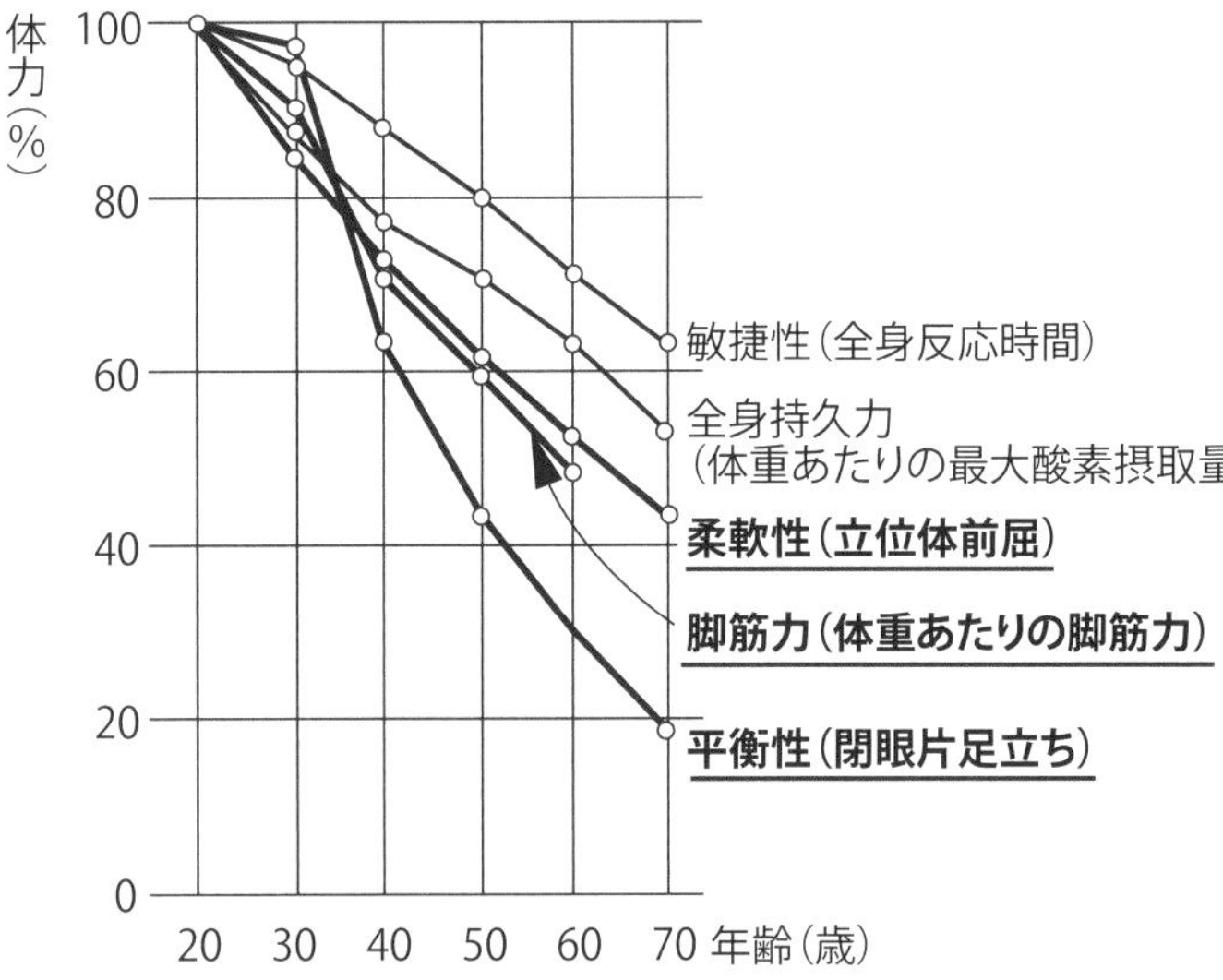

（日本人の体力標準値1989より作成）

日本人の体力標準値データによると、20代の頃と比べて40代に入ると、特に柔軟性、下半身筋力（脚筋力）、バランス能力（平衡性）の3つが30％程度も低下します。そして60代になると、なんと50％まで落ちてしまうのです。

「**年だから、**カラダが固くなって前屈が出来なくなるのは仕方がない・・・」
「**年だから、**下半身の筋肉がなくなって走れなくなるのは仕方がない・・・」
「**年だから、**バランス能力が衰えて躓く回数が多くなるのは仕方がない・・・」
「**年だから・・年だから・・・年だから・・・**」
本当に年をとると、誰もが動けなくな

るのでしょうか？

例えば、ある年の東京マラソンの場合、
20歳男性の平均タイムは4時間46分に対して、
60歳男性の平均タイムは4時間39分というデータがあります。

例えば、
80歳を越えても180度の開脚ベターができる女性がいます。
90歳を過ぎても、毎年富士山を登頂している男性もいます。

つまり、**年だからという理由で、いろいろなことを諦めている人は、**
実は間違った思い込みをしているのではないでしょうか？

人間のカラダは、日常の習慣や日常の動きに適応するように出来ています。

・東京マラソンを４時間で走る60歳男性は、毎月１５０kmのランニング習慣を持っています。
・１８０度開脚ができる80歳女性は、毎晩風呂上がりにストレッチをする習慣を10年間欠かさないそうです。
・毎年、富士登山をする90歳男性は、毎朝４時に起きて自分の足で２００件の新聞配達をするそうです。

実は、どれも小さなことを丁寧に積み重ねたその先に、動ける体を維持し続けているのです。
とても当たり前のことですが、でもその当たり前のことに気づけず、いつの間にか年月だけが過ぎ、気づいた時には動けないカラダになっているのが人間というものです。

つまり、**加齢によって動けなくなるという漠然とした不安があるのならば、今日という日からコツコツと動けるカラダを作るトレーニングをすれば良いのです。**

ただし、一つだけお伝えしておきたいことがあります。

残念ながら今流行の24時間営業のトレーニングマシンがズラリと並ぶスポーツジムで、ただ闇雲に筋肉を鍛えるだけでは動けるカラダは作ることは出来ません。なぜなら動けるカラダを作るためには、筋力だけではなく、柔軟性やバランス能力、体幹、全身の連動性など様々な要素を鍛えておく必要性があるからです。

そこで本書では、40代以降の人が動けるカラダを作るために新しい運動の概念とトレーニング法をお伝えします。

それが**張力**と**フレックストレーニング**というものです。

1　背筋をぴーんと伸ばした姿勢で
2　筋肉をストレッチするようにトレーニングする

実はたったこれだけで短時間で効率的に姿勢が良くなり、柔軟性も筋力もバランス能力も同時に鍛えることができます。そして日常生活もしなやかで動きやすいカラダが手に入るのです。

今、私たちが生きる令和時代は何もかもがとても便利になりすぎました。わざわざ職場に行かなくても自宅で仕事ができるようになりましたし、アマゾンを使えば欲しいものが手元に届くようになったし、ウーバーイーツを使えば食べたいものは30分後に届けてくれるようになったのですから。

そして**人生は１００年時代に突入しましたが、世の中が便利になりすぎた代償として、動くことを習慣にしないと、健康に長生きすることがとても難しい時代になってしまいました。別の言い方をすると、残念ながら、「運動は嫌いだからやらない」という時代ではなくなってしまったのです。そこで大切なのは、あなた自身が楽に気持ちよく習慣にできる運動法を見つけることです。**

- **カラダを伸ばすフレックストレーニングは、気持ちがいい！**
- **カラダを伸ばすフレックストレーニングは、綺麗な姿勢が手に入る！！**
- **カラダを伸ばすフレックストレーニングは、しなやかで動きやすいカラダが手に入る！**

・カラダを伸ばすフレックストレーニングは、バランス感覚も良くなります！

・カラダを伸ばすフレックストレーニングは、明日も1週間後も習慣化しやすいです！

この本では、そんな新時代に合ったトレーニング「フレックストレーニング」をご紹介します。

フレックストレーニング

動けるカラダ

一般的な筋トレ

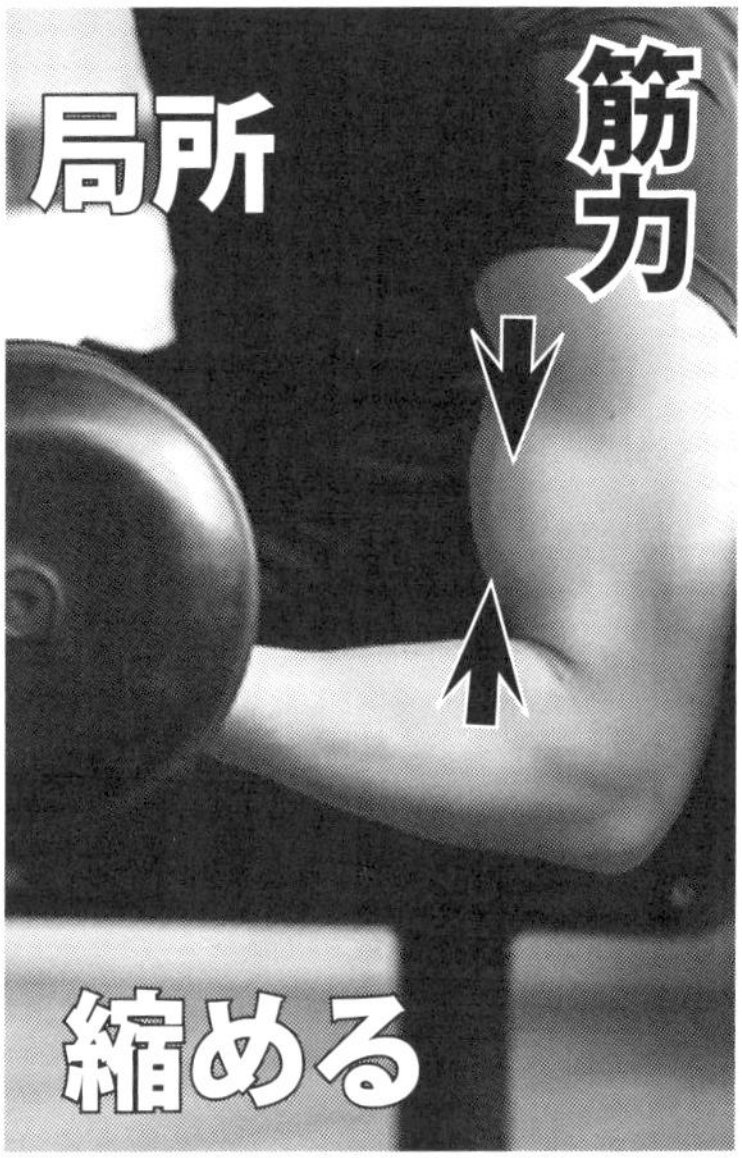

魅せるカラダ

フレックストレーニング　　一般的な筋トレ

Physical

フレックストレーニング		一般的な筋トレ
張力トレーニング	専門名称	筋力トレーニング
テンセグリティ（張力）構造	人体の捉え方	コンプレッション（圧縮）構造
使える筋肉・動ける身体づくり	目的	魅せる身体・脱げる身体づくり
6～100歳	対象年齢	12～39歳
関節・骨	動きの主	筋肉
筋肉	動きの従	関節・骨
日常の動作に直結している	動作の特徴	非日常の動作が多い
呼吸のリズムに動きを合わせる	呼吸	止めがち
UP↑↑	筋力・筋肥大	UP↑↑↑↑
UP↑↑	柔軟性	DOWN↓
UP↑↑	バランス	DOWN↓
連動性	個と連動	個別性
筋膜のラインメイク	身体デザイン	筋肉のパーツメイク

Mental

フレックストレーニング		一般的な筋トレ
日本人向けトレーニング	対象人種	西洋式トレーニング
自分の身体は 大切に・丁寧にあつかおう	コンセプト	No Pain, No Gain （痛みなくして得るものなし）
今日も気持ちよく身体を動かそう♪	トレーニング前	ハァ～今日もやらなければ
身体を伸ばして気持ちいい♪	トレーニング中	ウゥ～キツい・ツラい
動きやすい～♪	トレーニング後	フゥ～今日もやりきった
動きの質を味わう	マインド	重さや回数など量をこなす
内部感覚＋外部感覚	身体感覚	内部感覚
日常生活の質が向上し これなら私でも続けられる	運動習慣	継続しないと筋肉が衰える恐怖
長期的な身体作り（3年）	期間	短期的な身体作り（3ヶ月）

第1章

加齢は平等、でも老化は賢い努力で防ぐ……33

第2章

40代からのカラダ作りの新キーワードは「張力」……49

第3章

張力を鍛えよう！40代からのフレックストレーニング……75

第5章

第7章 フレックストレーニングQ&A……137

第8章

〈メンタル編〉

第9章 カラダが作るココロ、ココロが作るカラダ……165

はじめに
～カラダ作りの目的と本質

「木を見て、森を見ず」

物事の一部分に囚われすぎて、全体を見失うという意味のこの諺は、カラダづくりにも当てはまります。筋肉を鍛えることばかりに集中しすぎると、カラダの動きや機能性が低下することがあります。現在48歳の私は39歳の時にこの落とし穴に陥り、パーソナルトレーナーとしてカラダづくりを一から見つめ直す体験をしました。そんな私のエピソードからお話ししたいと思います。

28歳で大企業を退職し、29歳で再就職したのは「GOLD'S GYM（ゴールドジム）」というスポーツジムでした。GOLD'S GYMは筋肉ムキムキマッチョの会員さんが多数在籍し、ボディビルの世界ではとても有名なジムです。

「そんなマッチ棒のような細い筋肉でよくトレーナーの仕事をしていますね!!（笑）」

時折、お客様から言われる何気ない一言に、当時の私は強烈なコンプレックスを抱えていました。日夜ハードな筋トレを重ね、プロテインやアミノ酸などのサプリメントを飲みまくり、約10年間、〝筋肉を大きくすること〟だけに執念を燃やしていました。その結果、元々60キロしかなかった体重は78キロまで増加しましたが、40歳を目前に控えたある日、事件は起こりました。筋トレ中に突然、全身が硬直し両腕に全く力が入らず、救急車で緊急搬送をされたのです。

「血尿が出て、危険な状態です!トイレと食事以外は動かないでください!」というドクターからの指示で、私は絶対安静を余儀なくされました。そして1週間後、職場復帰し再度筋トレに取り組むと、同じ症状が再発。そして主治医から言われました。

「精密検査の結果、40歳になるあなたのカラダにはハードなトレーニングは向いていません。激しい筋トレをするとCPK(クレアチンキナーゼ)という酵素が増加するのですが、正常値の20倍以上の数字が出ています。個人差はありますが、40歳を超えると加齢により代謝機能や回復力が低下し、筋肉におけるCPKの正常な調節が難しくなることがあります。無理を続けると慢性腎不全になる可能性もあります。ご自身の健康と体調を第一に考え、もう二度と過度な筋トレはしないでください。」

せっかく脱サラをして、憧れのトレーナーの世界に入ったのに…これで終わりか…
涙がこぼれ落ちたその瞬間、私の頭の中にある言葉が鳴り響きました。

「木を見ず、森を見よ」

カラダづくりにおいて「とにかく筋肉をつけよう!」と当時の私のように考える人は少なくありません。もちろん今の自分よりも良くなろうと試行錯誤する姿勢は素晴らしいと思います。
ただ少し立ち止まって考えてもらいたいのは、「筋肉をつけることばかりにこだわっていませんか?」という疑問です。カラダの機能性を失ってまで筋力や筋肥大ばかりを追い求めると動けないカラダになる恐れがあるということです。

カラダづくりにおいて何よりも大事なのは目的と本質を捉えること。40歳という年齢から人生の後半を充実させるためにも、筋肉やパワーをつけることばかりに重点を置くトレーニングではなく、カラダの機能性を改善し、動けるカラダを作るトレーニングを追求しよう! それが私にとっては大きなターニングポイントとなりました。

昭和、平成、そして令和。私たちは今、人生100年時代を生きています。これは「100歳まで長生きできる可能性がある」という希望的側面と「徐々に老化が進み、動けないカラダになっていく」という不安的側面の両方を抱えながら生きるということでもあります。

この老化という自然の摂理に対し、何も準備をしていない人は、若い時には当たり前にできていたことが徐々にできなくなってきます。カラダはますます硬くなり、筋肉はどんどん衰え、動きもだんだん遅くなり、フラフラしてバランスが取れなくなります。そして「立つ、座る、拾う、歩く、押す、引く、しゃがむ、踏み込む、ねじる、走る」といった日常の基本動作ができなくなってくるのです。

では、どうしたら40代から始まる、老化という不安を小さくできるのでしょうか？
どうやったら一生涯、自分の足で歩けるカラダを維持できるのでしょうか？
どうしたら死ぬ直前まで、動けるカラダを維持できるのでしょうか？

そこで**本書でご提案するのが「張力を鍛えよう！」という新時代のコンセプトです。**

もちろん筋力も大事ですが、それ以上に大切なのが張力です。先ほど「木を見ず、森を見よ」という話をしましたが、筋力を鍛えることは局所ばかりを見ることであり、張力を鍛えることはカラダ全体を見ることになります。**張力を鍛えれば、カラダは何歳からでも再生できるし、自分の思い通りに動かせるようになります。**

例えば、町を歩く日本人高齢者を見ていると、目線は下向きになり、背中や腰が丸くなる人がとても多いです。老化とは骨が脆くなり、筋肉が衰えるだけでなく、カラダを伸ばす力＝張力が衰え、カラダがどんどん縮こまってしまうことにあります。そこで**本書ではこの張力を鍛える運動法「フレックストレーニング」を分かりやすくご紹介します。**

少し専門的な話になりますが、フレックストレーニングは一般的な筋トレとは違い、以下の3つの大きな特徴があります。

① 筋肉を伸ばしながら鍛えるため、筋力と柔軟性を同時に獲得できる

② 関節を伸ばしながら鍛えるため、関節の安定性と可動性を同時に獲得できる

③ 筋膜を伸ばしながら鍛えるため、全身のバランスと効率良い動きを同時に獲得できる

フレックストレーニングは筋肉、関節、筋膜という3つの視点を考慮したトレーニングのため、使える筋肉、動きやすいカラダ、そして気持ちよく動きたくなる心も手に入ります。もちろん40代からだけではなく、50代、60代、70代、そして動けるカラダを追求する10代、20代、30代プロアスリートにも推奨しているトレーニングでもあります。

少しだけ難しい話をしましたが、実際にやること自体はそんなに難しい運動ではないので安心してください。

自分のカラダが気持ちよく正しい姿勢や動きを身につけていくだけです。そして一番大切なのは、自分のできる範囲で少しずつ張力を鍛える習慣を持つことです。

本書を手に取ってくださったあなたには、日常生活の中でベストなライフパフォーマンスを維持し続け、何歳でも動けるカラダ、そして人生100年を楽しめるカラダの作り方の新しい方法をご提案します。それでは一緒に、新しいカラダづくりの旅を始めていきましょう。

パーソナルトレーナー　日高靖夫

第1章

加齢は平等、でも老化は賢い努力で防ぐ

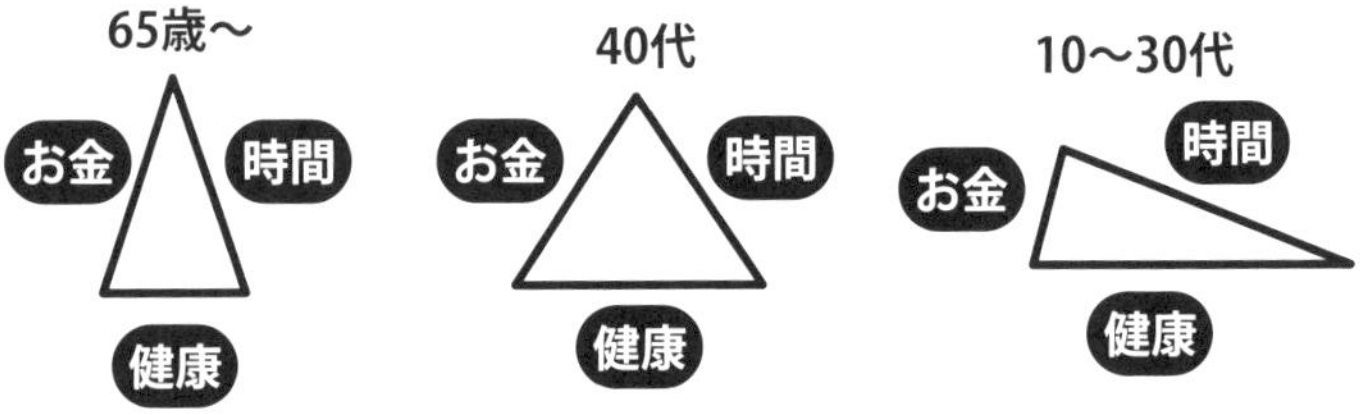

1 40代からの人生を構築する3つのバランス

人生を充実させる3つの要素はお金、健康、時間と言われています。そしてお金、健康、時間のバランスは年齢によって徐々に変化していきます。上の図をご覧ください。

一般的に若い時は健康で自由な時間もありますが、自由なお金は持っていません。一方、高齢者の65歳を過ぎると、時間は豊富にあり、若い時よりもお金は持っていますが、残念ながら健康に関しては不安要素を抱えています。**この両方の中間に位置するのが40代と言えます。**

人生100年時代を逆算し、**40代から健康に対する時間を投資する人こそ人生の充実度を高めることができます。**そして健康は運動、栄養、休養の3要素のバランスによって構築されていますが、その中でも運動を習慣にすることはなかなか難しいと嘆いている人は少なくありません。

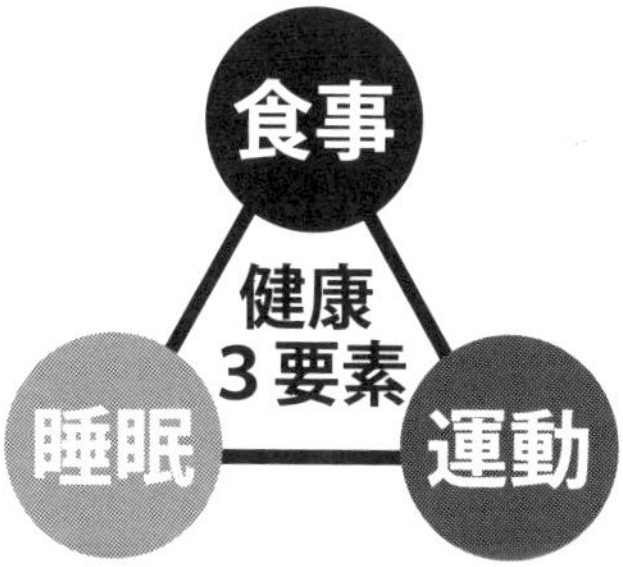

そこで本書では、40歳からの新しいトレーニング法をご提案します。適切で質の高い運動は身体の機能を向上させ、心身のバランスを整える効果があります。しかし、運動習慣を身につけることは容易ではありません。そこで具体的なアドバイスやヒントを通じて、運動を習慣化するための考え方についてもお伝えしていきます。

2　40代は20代と同じトレーニングをしてはいけない理由

「ヤバイな…昔と比べてお腹が出てきたな～…健康診断でメタボと診断されたし…とりあえず運動しよう！」40代に入ると、そんな気持ちでスポーツジムに入会し、週に2～3回の筋トレや有酸素運動を開始する人は少なくありません。最初の1ヶ月目はモチベーションも高いのですが、多くの人が2ヶ月目から挫折し、3ヶ月後にはジムを退会します。（笑）

「あ、それ私のことだ」と思った方、大丈夫です！　これが日本のスポーツジム業界のリアルな現状です。私は10年以上フィットネスジムの社員をしていたからこそお伝えできるのですが、日本国内のスポーツクラブは、「ジムに入会した人の3ヶ月後の退会率をいかに抑えるか？」という問題に対し、様々な施策や工夫を行っています。つまり、継続できない人はあなた以外にもたくさんいます。だから大丈夫！ジムで運動を習慣にできないのはあなたが悪いわけではありません。

実は運動を継続するポイントは、カラダづくりの目的に合ったトレーニングを見つけることにあります。

例えば20代、30代の人でスポーツのパフォーマンスを上げる目的ではない場合を考えてみると「カッコよく見られたい」「綺麗だねって言われたい」「他人にすごいって思われたい」などモテるためにカッコいいカラダを作るという発想でトレーニングを始める人が多いかと思います。自分に自信をつけたい、自己承認欲求を満たすという目的は決して否定するものではありません。ちなみに過去の私もそのうちの一人でした。

そのために最も効果的なトレーニングは筋トレです。重いダンベルやバーベルを真っ赤な顔をして持ち上げるストイックな筋トレは筋肉の破壊と再生を繰り返すことで某パーソナルジムのCMのような見栄えの良い肉体を作り上げます。

しかし40代になると「学生時代の部活動を思い出させる苦しい運動なんて、大人になってからやりたくない・・・続けられない・・・」という声をたくさんの人からいただきます。

つまり40代になると運動の目的は、

○病気になりたくない
○加齢による体力低下を防ぎたい
○いつまでも動けるカラダを維持したい
○日常生活の質を落としたくない
○アンチエイジング
○ストレス解消

などココロとカラダの健康にシフトしていきます。

つまり20代と40代の運動の目的は180度違います。
目的が違えばトレーニング内容も変化するのは当然のことです。

このように40代からのトレーニングは、筋肉や筋力だけにフォーカスするのではなく、心身の健康や柔軟性、バランス、連動性などカラダを動かしやすくする要素を考慮する必要があります。
見た目の良い筋肉をつけることも素晴らしい成果ですが、**40代からは「健康なカラダづくりとは何か？」「短時間でも効果の出る運動とは何か？」「継続できる運動とは何か？」などの本質を理解する必要があります。**

3 老化とはカラダが硬くなること・歪んでくること・弱くなること

ではここから40代以降のカラダについて深く考えていきたいと思います。

・10代の頃は楽にできた、黄信号に変わった時の横断歩道でのダッシュ
・20代の頃は余裕にできた、駅の階段をスムーズに上がる動作
・30代の頃は簡単にできた、片足立ちで靴下を履く行為

それがある日、

「うそ?全然走れない…」

「最近、つまずきやすくなってきた…」

「あれ?片足でバランスが取れなくなってる…」という感覚。

40代を過ぎてから、何となく心当たりがあるのではないでしょうか?


さて最初の方のページでも紹介しましたが、とても大切なポイントなのでもう一度こちらのグラフを紹介します。(次ページ参照)

日本人の体力標準値データによれば、敏捷性、全身持久力、柔軟性、脚筋力、平衡性の中でも40歳を過ぎると柔軟性、筋力、バランス能力が20代の頃と比べて約30%低下し、60歳を過ぎると

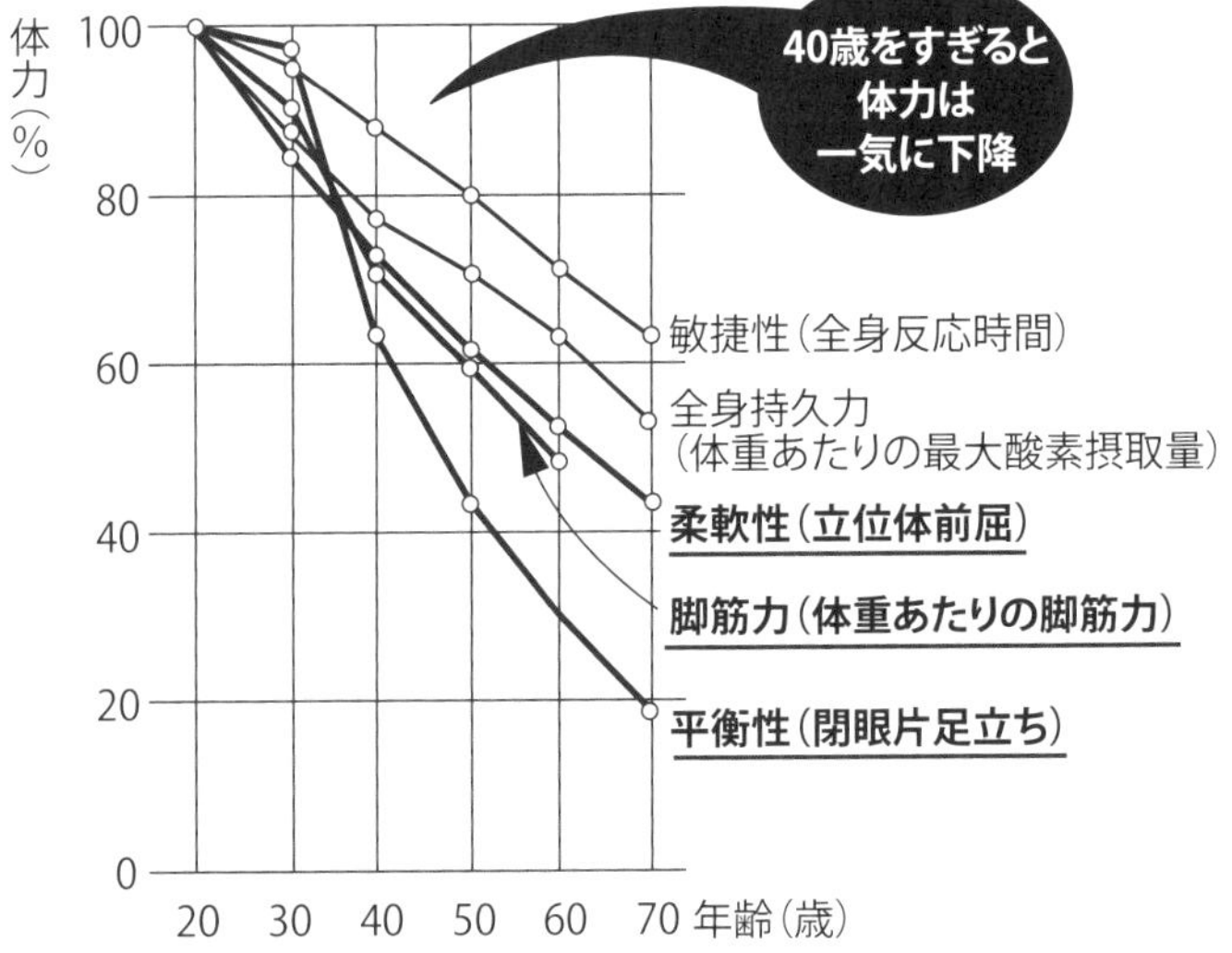

(日本人の体力標準値1989より作成)

さらに、なんと50%まで低下しまうのです。

つまり、運動学の視点から見る老化とは、

① 柔軟性が衰える＝カラダが硬くなること

② バランス能力が衰える＝カラダが歪んでくること

③ 筋力が衰える＝カラダが弱くなること

カラダが硬くなるということは、例えば昔は前屈をした時に床に手がついたのに、今は全くつかないなど、柔軟性がなくなることを指します。カラダが歪んでくるということは、例えば昔は片足立ちでバランスを取りながら余裕で靴下を履けたのが、今

日常動作を構成してる10の動作

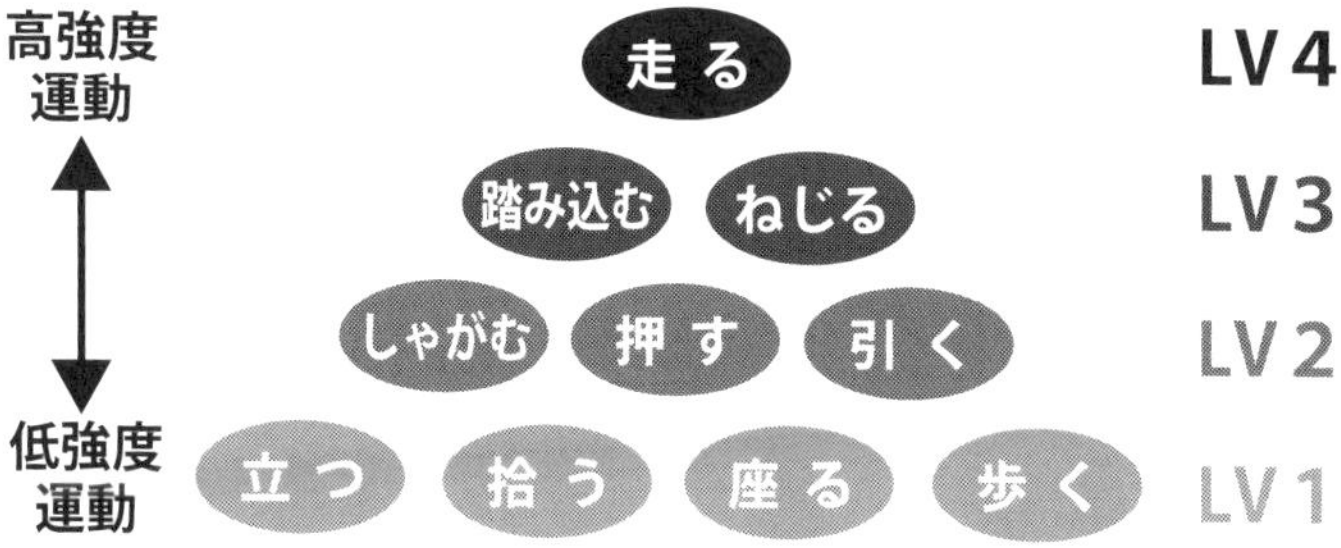

はバランス能力がなくなることを指します。カラダが弱くなるということは、例えば昔は平気で山に登れていたのに、今では駅の階段を登ることも困難ですぐにエスカレーターを使うなど、筋力が弱っていることを指します。さて今のあなたのカラダの状態はいかがでしょうか？

4 老化とは日常動作が小さくなること、困難になること

さらに老化について、もう一段階深い視点で考えていきましょう。

私たち人間の日常動作は10の動作「立つ・座る・拾う・歩く・押す・引く・しゃがむ・ねじる・踏み込む・走る」から構成されています。これはプライマルムーブメント（原始の動き）と呼ばれ、狩猟時代から変わらないと言われています。これら10の動作は、動きの状態を評価するための分かりやすい指標にも

なります。

例えばこの中で「走る」という動作は最も高いレベル、すなわち運動レベル4に位置づけられます。40歳を過ぎて運動を全くしていない人はまず「長く走る」「早く走る」ことができなくなり、その後、徐々にレベル3（踏み込む、捻る）レベル2（しゃがむ、押す、引く）そしてレベル1（立つ、拾う、座る、歩く）の動作が年齢とともに困難になっていくのが、一般的な老化のプロセスです。（もちろん人によって異なります）そして動きのイラストを見ていただければ一目瞭然ですが、老化したカラダは背中や腰が丸くなり、次第に日常動作が小さくなり、最終的にはそれぞれの日常動作が困難になってしまうことに繋がります。

さて世の中にはたくさんのトレーニングメニューが存在しますが、トレーニングの選択に関しては、本質を理解し、普遍性があるものを探究していくことが大切です。

◉老化とは、カラダが硬くなること・歪んでくること・弱くなること
◉老化とは、日常の動作が小さくなること、日常動作が困難になること

つまり人生100年時代を快適に生きるために、老化の始まる40歳からは、この2つの視点からトレーニングメニューを考える必要性があるということを頭の片隅に入れておいてください。

5 残念な努力①～筋肉を増量することばかりに執着していませんか？

筋肉を鍛えること自体はとても大切です。なぜなら弱った筋肉を強化してくれるからです。そ

して筋肉量が多いと、見た目が良くなったり、筋力がアップするメリットもあります。
しかし、過度に筋肉をつけることばかりに執着すると、逆にカラダを重くしたり、動きが硬くなったりします。また本来持ち合わせているカラダのバランスを失い、怪我につながる恐れもあります。冒頭でも書きましたが、かくいう私も過度な筋トレのやり過ぎが原因で2度の救急搬送をされた理由も、39歳の時に目的を見誤った残念な努力が原因です。今流行りの炎上（?）を覚悟して書きますが、その体験で私が実感したのは、スポーツの競技能力向上やボディビルの大会で結果を残すといった、筋肉を増量する明確な目的がある人を除いたら、40代以上の人が**「動くのに必要以上の筋肉をつける**

ことはエゴや虚栄心の塊でしかない」ということでした。ここでいうエゴとは自分自身をよく見せたい、他人よりも優れていることをアピールしたいという気持ちのことです。つまり筋肉は少なくてもダメですし、多くありすぎても動けなくなります。**40歳からのトレーニングで重要なことは、動きやすいカラダに見合った適度な量の筋肉をつけることではないでしょうか。**

6 残念な努力②：キツイ運動ほど効果があると思っていませんか？

「No Pain, No Gain!～痛みなくして得るものなし」

昔、私が働いていたジムでは、この言葉がプリントされたTシャツを着てトレーニングする人がいらっしゃいました。この表現は、運動の効果を最大化するためには、ある程度の痛みや不快感を受け入れる必要があるという西洋的な価値観を反映しています。また、これは過負荷の法則（オーバーロードの法則）という筋トレの基本概念にも由来しています。

しかしながら、日本人の伝統的価値観は「人や物を大切に扱おう」ということが強調されます。カラダは自分にとって大切な存在であり、極端に無理をすることは避けるべきという考え方です。この価値観を持つ多くの日本人は「No Pain, No Gain」の考え方に違和感を感じる方も少なくないのではないでしょうか？ **カラダの声に耳を傾けながら、無理に酷使することなく、SDGsな（持続可能な）体力づくりは可能です。** 特に40代からのトレーニングを考える際には、私たち日本人のカラダと心を健康に保つためにも必須な考え方となります。

7 残念な努力③ 使えない筋肉を養うトレーニングをしていませんか？

「とりあえず筋肉をつけましょう！」筋トレの世界に存在するこの言葉には、実は大きな落とし穴が隠れています。腹筋運動でお腹の筋肉、腕立て伏せで胸の筋肉、レッグエクステンションで脚前の筋肉をつける代表的な筋トレがありますが、そのようにして部分的につけた筋肉は本当に日常で使える筋肉なのでしょうか？　例えば引越し作業の人たちは冷蔵庫や本棚、ソファーにベッド、そして沢山の段ボールなどを巧みに運搬しますが、この作業をなるべく一つの筋肉に疲労が溜まらないように全身を上手に使います。そして彼らは仕事のために必要な筋肉が自然とついてきます。つまり「つける筋肉」と「ついた筋肉」には大きな違いがあります。この視点で考えると、**老化を防ぐために考えるトレーニングは、日常動作に直結したトレーニングをした結果「ついた筋肉」を養うのが理想です。** このようにカラダ作りのトレーニングは、本質を抑えておかないと残念な努力となってしまうのです。

8　40代からは目的に見合った賢い努力で老化を防ごう！

誕生日から365日経過することを加齢と言いますが、40歳を過ぎると「また一歳年をとってしまった…」とネガティブに考える人がいます。しかし私は加齢をポジティブに捉えるようにしています。人生とは喜怒哀楽などの様々な感情を味わいながら、失敗や成功、そして良いことも悪いことも含めて色々な体験をさせてくれます。つまり1年の人生経験を積み重ねることは、さらに人を成長し、賢くさせてくれるとも捉えることができるのです。

もちろん、若い時の無駄な努力や残念な努力はたくさんの気づきや発見を得られたという点でとても大切なことだと思います。だからこそ40代以降は加齢した分だけ、賢い努力をしていきませんか？

実は運動やスポーツを科学的に深く探求していくと分かるのですが、初心者の時は闇雲に努力することも大切ですが、上級者や熟練者になってくると「いかに楽にやるか？」ということが重要になってきます。楽なカラダの使い方の延長線上に動けるカラダの作り方が存在する。つまり量の世界から質の世界への転化です。40歳をすぎてもトップアスリートで活躍している選手はプレーのツボを心得ていると表現されますが、まさにこういうことです。これが「賢さを手にいれる」ということの一面です。

そこで本書では「張力」「フレックストレーニング」という新しい2つのキーワードをベースに賢いトレーニングの方法を紹介します。この運動はまだ老化が進行していない40歳という早い段階から始めれば始めるほど効果は高まります。次の2章では「張力」について、そして第3章では「フレックストレーニング」について、おそらくあなたが初めて耳にする言葉について詳しく説明していきます。

第2章

40代からのカラダ作りの新キーワードは「張力」

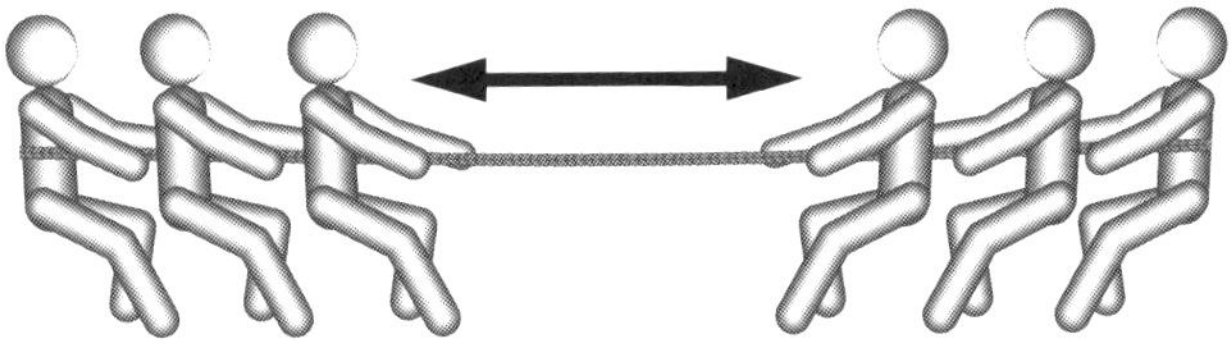

1 40代からのカラダ作りのキーワードは「張力」

従来の筋トレは、「筋肉づくり」という部分的な狭い視点でトレーニングが組み立てられてきました。しかし本書では、カラダ全体を広い視点で捉えるために「動きづくり」という観点から新しいトレーニングをご提案します。

ここで重要なのが「張力」という新しい概念です。張力とは、引っ張り合う力のことです。英語ではtension（テンション）と表現されます。

例えば、綱引きでは赤組と白組が両方向から引っ張ることで、綱がピンと張って力強くなりますが、これが張力です。

例えば、鉄棒にぶら下がると全身が上下に伸びますが、これは上下の張力が働いていることになります。また両手を左右に目一杯伸ばすと、左右に張力が働いている状態です。またお相撲さんが四股を踏む動作は、上下

両手を
左右に伸ばす
鉄棒に
ぶら下がる
四股

と左右に張力が働いている状態となります。

このように、**私達のカラダには引っ張り合う力＝張力を生み出すことで、カラダの軸が生まれ、強さが生まれます。**

もう少しイメージを膨らませていきましょう。

バレリーナは、片足立ちで手足を伸ばしながらバランスをとるポーズをよく見かけますが、あれは様々な方向へ張力が働いている状況です。また、モデルの女性が颯爽と美しく歩いている姿を見ると、天井から引っ張られているような雰囲気がありますが、これも張力によるところが大きいです。

一方、日本人高齢者を見ると、目線が下を向き、背中

や腰が丸くなっている人が多いです。**実は老化とは、カラダを伸ばす力＝張力が衰えてカラダが縮こまってしまうことを指します。つまり、この張力がないカラダは、小さな動きしかできなくなってしまいます。**また高齢者に限らず、20〜40代もスマホが原因で張力がなくなっているカラダをよく見かけます。

そこで本書では張力という新しい概念をベースに、小さく縮こまったカラダを大きく広く動けるカラダに変えていくトレーニング方法について考えていきます。

2 張力を体感してみよう！

ではここで張力の理解を深めるためにカラダを

動かして体感をしてみましょう。**準備するものはストッキングです（70～90センチ程度の伸びるゴム素材であればＯＫです）**。実際に張力用のトレーニングツール（写真のものは楽体（らくだ）と言います）もインターネットなどで購入できます。では次の３つの動きにチャレンジしてみてください。

①上下に伸ばす

ストッキングの両端を手に巻いて固定し、片方は頭の上、もう片方はお尻の真下に置き、息を吐きながら上下に引っ張ります。伸びたところで5秒静止しま

す。反対側も同じように行う。
左右各5秒×5往復

②胸を開く

ストッキングの両端を手に巻いて固定し、ストッキングを後ろに回す。

肘を伸ばしたまま左右に引っ張り、胸を開く。「フッフッフッ」とリズミカルに呼吸しながら、羽ばたく鳥のように両手を前後させる。

20回。

③左右に倒す

ストッキングの両端を手に巻いて固定し、左右に引っ張る。片方の足に体重をかけ、カラダの側面が「C」のカーブを描くように、上半身を倒し、5秒静止します。反対側も同じように行う。左右各5秒×5往復。

運動後は姿勢が良くなっている感じがしませんか？歩いてみると、カラダが大きく広く動ける感覚になっていませんか？これが張力が働いている状態です。

3 人体の秘められた力：張力とテンセグリティ構造

人体の構造について考えるとき、腕、肩、胸、背中、腹、足といった別々のパーツが重なって形成されていると捉える人が多いかもしれませんが、このような解釈の仕方は、ロボットのような硬く、動きにくいカラダのイメージを生み出してしまいます。

実際には、人間のカラダは206の骨と640もの筋肉で構成されていますが、それらの筋肉の中で連携して働く一団を「筋膜」という伸縮性のある組織が覆っています。そして**人体はその筋膜が互いに引き合う力＝張力によって全身のバランスを保っています。このような人体の構造をテンセグリティ（tensional integrity）構造と言います。**

Tensegrity=tensional+integrity

（引っ張り合う張力によって統一性を保つこと）

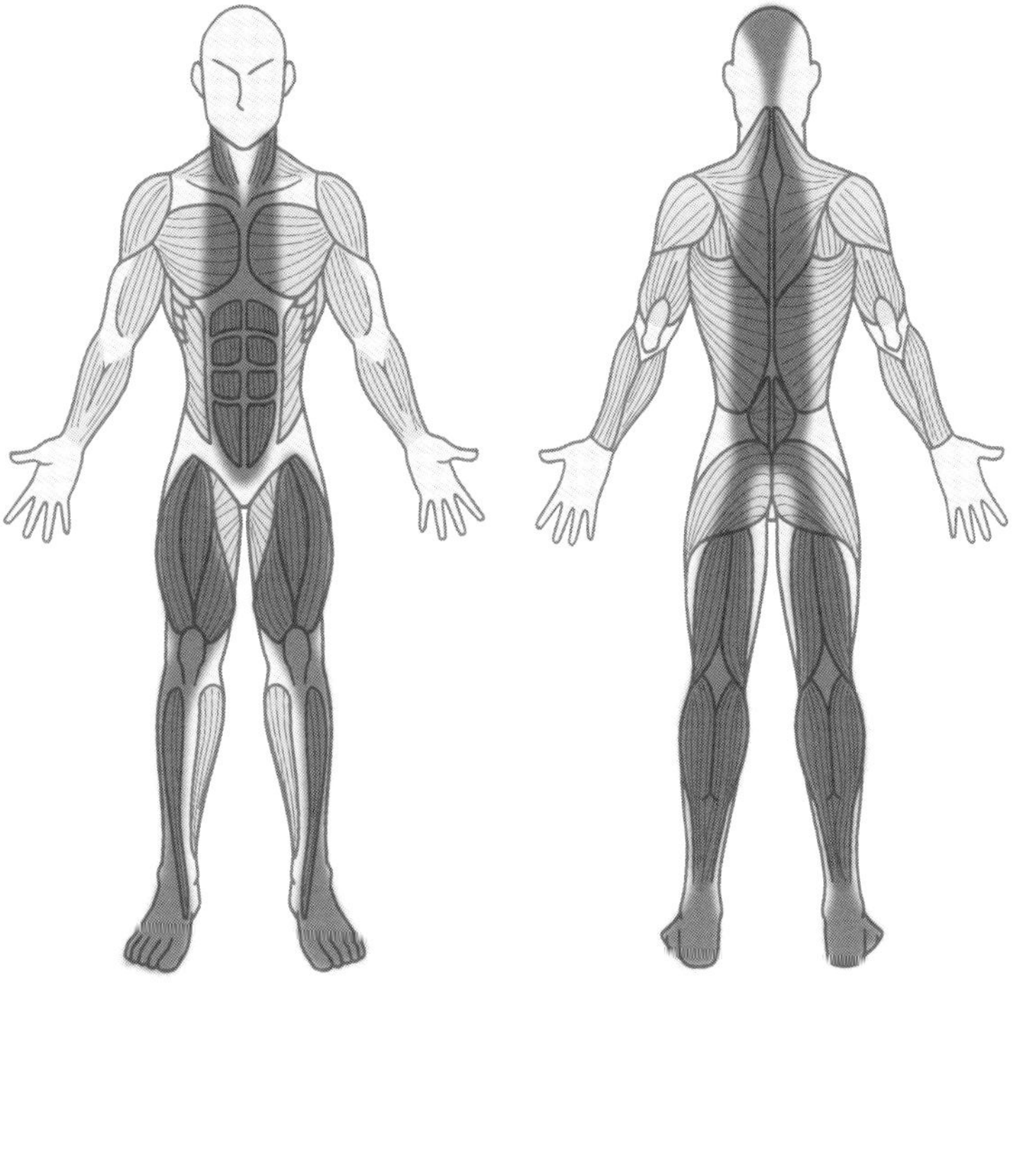

上の構造物に注目してください。上の物体は不思議と空中に浮いています。このカラクリは3本のチェーンの合力がゼロになっているという状態です。外から見ると何も力がかかっていないように見えますが、実際には上下の力の引き合いが均衡している状態を示しています。これも引っ張り合う力＝張力が働き、見事にテンセグリティ構造を形成しています。

また、このテンセグリティ構造は世界一美しい橋とも称されるアメリカのサンフランシスのゴールデンゲートブリッジにも応用されています。

このテンセグリティ構造の特徴は、力やストレスが均等に分散されることにあります。一部分が過度に強くなることや過度な負荷がかかることを

吊り橋の構造原理

吊り橋は「引張力」を利用することにより、ストレスを分散させ、一部分に過度な負荷がかからない構造になっている。

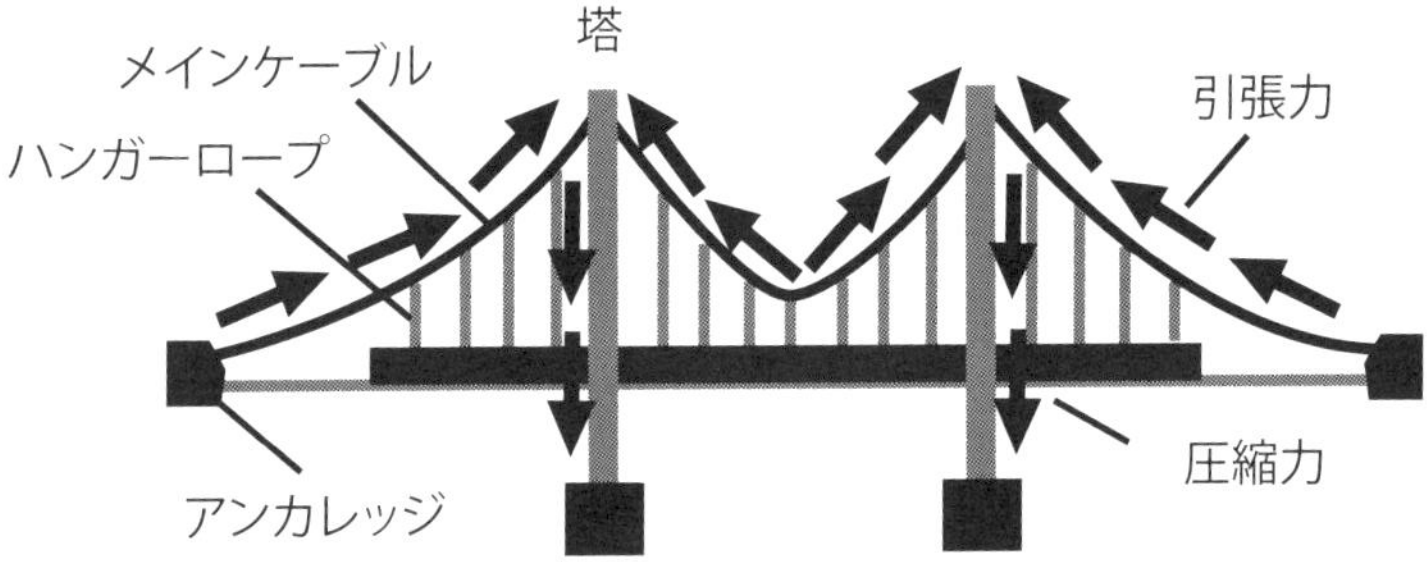

防ぎ、カラダ全体の調和とバランスを保つ役割を果たしています。また張力の調節によって、カラダの柔軟性や可動性が向上し、機能的な動きやパフォーマンスが可能になります。

4 身体感覚の話：上虚下実と上実下虚

武道の世界には「上虚下実《じょうきょかじつ》」という言葉があります。上半身は虚＝余分な力みが抜けていて、下半身は自然体とも言われる。実＝力が充実している状態です。この状態は人間が本来持っている身体能力を最大限に発揮しやすいとも言われています。一方、スマホやパソコンの普及により目や頭を使うことが多い現代社会では「上実下虚（じょうじつかきょ）」つまり肩や首などの上半身に力が入り、下半身は地に足がついていない状態の人がとお腹を中心に上下に引っ張り合う力を鍛えることで、頭は上から引っ張られ、肩からは余計な力が抜け、下半身は下方向へ引っ張られる、理想的な「上虚下実」の状態になる。

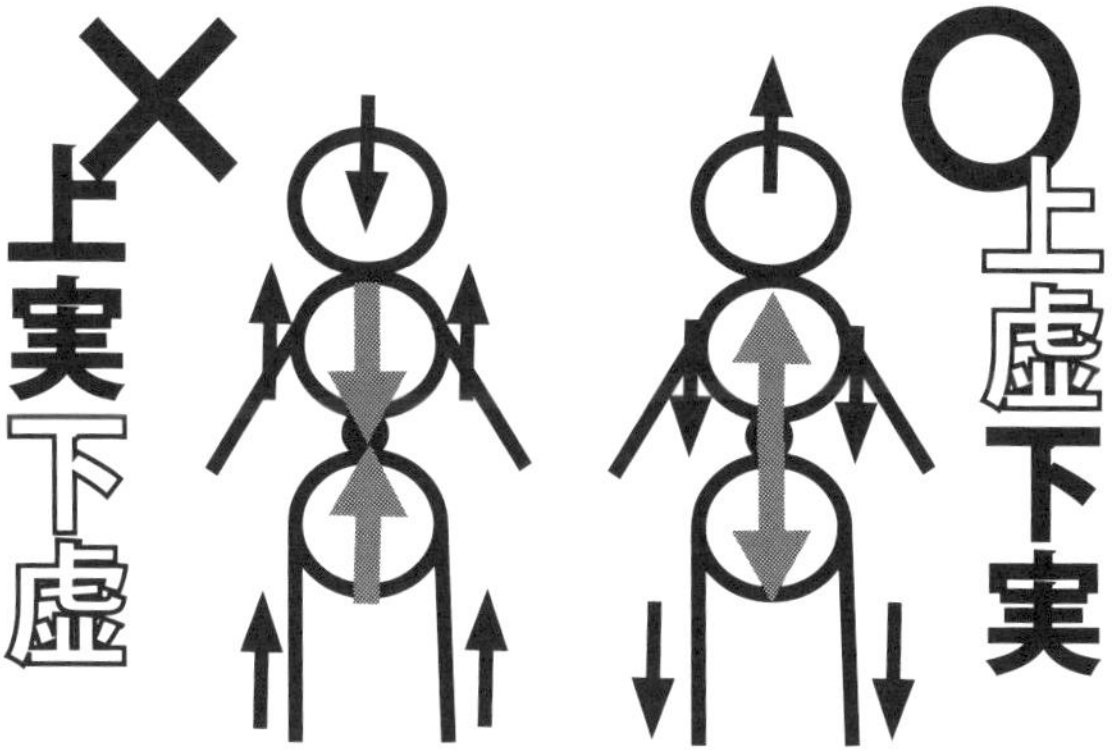

ても多いのが現状です。

現代人が上虚下実の身体感覚に変化させるヒントは、お腹を中心に上下に引っ張り合う力＝張力を鍛えることで、頭は上から引っ張られ、両肩は余計な力が抜けて、下半身は下方向へ引っ張られて地に足がつくテンセグリティ構造を作ることにあると考えられています。

5 あなたの張力をチェックしてみよう！

ではここで「立つ」「座る」「拾う」という日常の動作をベースにあなたの張力がどれだけあるか？を簡単にチェックしてみましょう！

❶爪先立ちテスト

両足を閉じて、両手はバンザイします。そこから爪先立ちで30秒間キープできますか？張力のある人は容易に立ち続けることができます。20回。

❷カエル座りテスト

両足を肩幅に開いて、背中を伸ばしたままカエル座りはできますか? 腰や股関節周りの張力が足りない人には難しいポーズです。20回。

❸ゴミ拾いテスト

足を肩幅に開き、軽く膝を曲げたまま、背中を伸ばして、床にあるゴミを拾えますか？　カラダの裏面の張力が足りない人はとても辛いはずです。

6 張力のある男性はかっこいい！張力のある女性は美しい！

張力を鍛えることで、カラダのシルエットや姿勢が変わり、より引き締まった容姿を手に入れることができます。例えば張力のある男性はスーツを着ていても堂々としていてかっこいい魅力的なシルエットとなります。そして張力のある女性は背中の空いたドレスをも美しく着こなすことができます。

また張力の本質的な魅力は、美しい容姿だけではありません。美しい動きをするためには、カラダ全体の柔軟性と連動性が重要です。柔軟でしなやかな筋肉や関節は、自由な動きを可能にし、優雅で流れるような動作を実現します。これによって、人は美しい動きをすることができます。

機能美という言葉がありますが、容姿だけでなくカラダの機能や動作の質にも関わる概念です。張力を鍛えることによって、機能的で美しい動きが身につきます。そして美しい動きをするからこそ、美しいカラダが手に入るのです。

張力を鍛えながら機能的で動けるカラダを目的にトレーニングを積み上げることで、均整の取れた肉体美が作られます。しかし一方、均整の取れた肉体美を作れば、機能的で動けるカラダになるのではないということは理解しておく必要があります。

7 張力はアスリートの世界でも活かされている

この張力という概念は、スポーツの世界でも様々な局面で活用されています。

・バレリーナのポーズ

手足を長く伸ばしながら片足で立つバレエダンサーは、カラダの各部位を極限まで引き伸ばし、

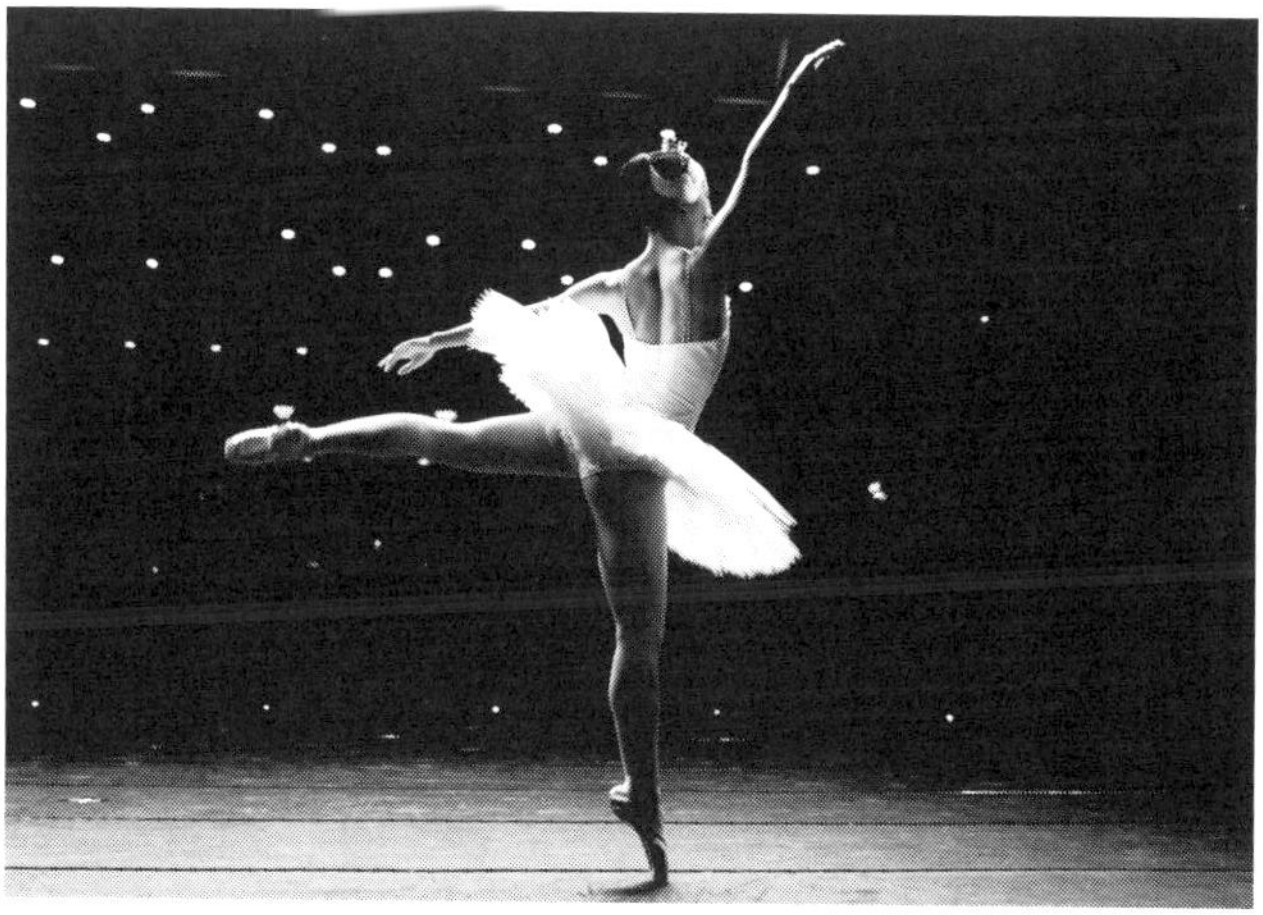

美しいラインを描くためにカラダ全体の張力を最大限に利用します。例えば、一本脚で立つ「アラベスク」のポーズでは、立つ足から背中、挙げた足、手の先までが一直線になるように全身の張力をコントロールします。また、両手を天井に向けて高く伸ばす「ポルト・ブラ」でも、肩から指先までをしっかりと伸ばすことで美しいフォームを保ちます。このような動きを可能にするのは、筋肉の柔軟性だけでなく、全身に均等に分布した「張力」によるところが大きいです。

・水泳のストリームライン

水泳では、泳ぐ速度を上げるために水の抵抗を減らすための技術が必要となります。その一つが「ストリームライン」です。これは水中で最も効率的な形にカラダを整えるテクニックで、水中で進行方向に対して一

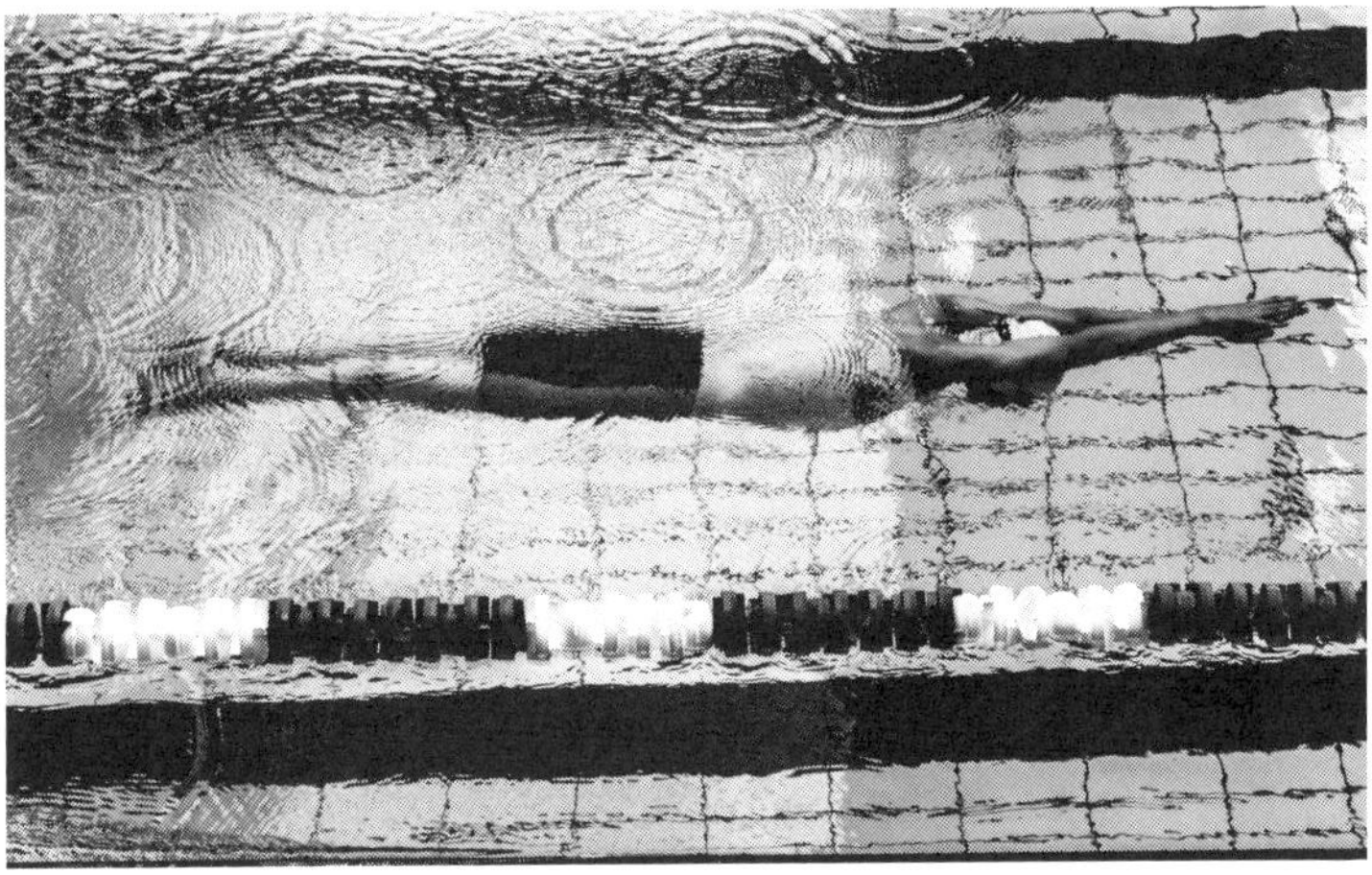

番細くなるようにカラダを伸はす方法です。両腕を頭の上で組み、カラダを一直線に伸ばすことで、水中での抵抗を最小限に抑えます。ここで重要となるのが全身の張力です。頭から足の先まで一直線にするためには、全身を適度に引き伸ばし、一定の張力を保つ必要があります。

・**陸上競技**

短距離走では、スタートの瞬間が非常に重要です。上体を前進させながらバランスを保つためには、カラダ全体が一体となって動作が始まります。全身の筋肉が協調して動く瞬間であり、その全ての動きが張力と密接に関連しています。張力が適切に働かないと、力は逃げてしまい、スタートの速度が低下します。

・バスケットボール

膝を曲げてから一気に伸ばすときや、腕を伸ばしてショットを放つジャンプショットの動きは、カラダ全体の張力が必要となります。

・サッカー

強烈なシュートを打つためには、足首から腰、背中、肩、そして腕に至るまでの全身の張力が必要です。

・テニスのショット

カラダ全体を使い、遠いボールを奪いにいく一連の動きは張力が求められます。

10
2

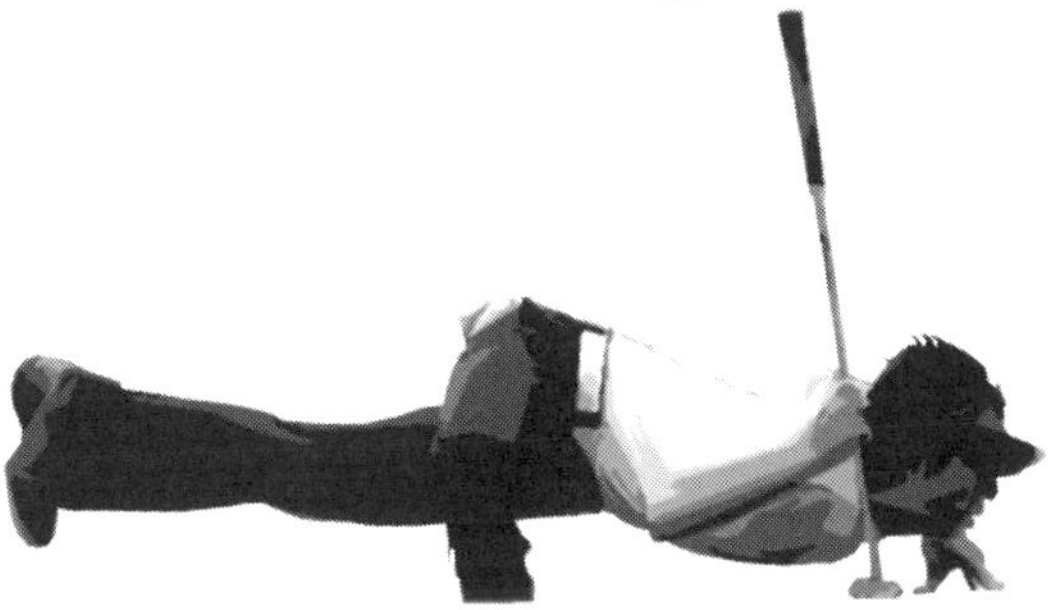

・ゴルフ

石川遼選手は、グリーンのラインを見る際はこの様な姿勢を作ります。常にカラダの張力を働かせるためのアプローチ法です。

・野球

イチロー選手も全身の張力を活用するために、必ずこのストレッチをルーティンに行います。

8 張力がなくなると、人体の機能性は一気に落ちる

アスリートでも疲労が蓄積したり、メンタル面にかかる負荷の増加によって張力が低下し、人体の機能性が低下することがあります。アスリートは高いパフォーマンスを発揮するために、筋力やパワー、柔軟性などの身体的な要素を鍛えていますが、運動中に疲労が蓄積されると張力が低下します。**張力が低下するとカラダを大きく広く使うことができなくなり、カラダの中心にある大きな筋肉を使うことができなくなるためパフォーマンスに大きな影響を及ぼすことになります**。だからこそアスリートはこの張力という視点からカラダづくりを構築する必要があるとも言えます。

また、筋力があっても張力がないアスリートは、カラダの柔軟性や連動性が不足している可能性があります。**張力は、筋肉や筋膜の柔軟性、関節の安定性、カラダのバランスなどの要素によって支えられています。そのため、筋力があってもこれらの要素が不十分な場合、張力が不足していると言えます。**

具体的な例としては、筋肉の発達が偏り、特定の部位だけが強くなっているアスリートが考えられます。例えば、上半身の筋肉が非常に発達しているにも関わらず、下半身の筋力や柔軟性が不足している場合などです。このような状態では、カラダのバランスが崩れ、張力が衰えることで動作の効率性や安定性が低下することがあります。また筋肉や関節の柔軟性が不足している場合も、張力が不足していると言えます。カラダの柔軟性は、関節可動域や筋肉の伸縮性に関わる要素であり、十分な柔軟性がないと張力を十分に発揮することができません。

張力のないアスリートは、カラダの動作やパフォーマンスに制限が生じる可能性があります。パフォーマンス向上やケガ予防のためには、筋力だけでなく、張力を鍛えるトレーニングの必要性があります。

張力がなくなる↓姿勢が悪くなり動きが小さくなる↓カラダの連動性が悪くなる↓パフォーマンスが低下する↓怪我や障害につながる可能性もある

ここで、アスリートのあなたへちょっと実験をしてみませんか？

先ほどの張力チェックは一般の人専用で、少し物足りなかったかもしれませんが、こちらの動作は容易にできますか？
（詳細は第6章でご紹介しています。）

◉オーバーヘッド・ブルガリアンスクワット

◉オーバーヘッド・サイドブリッジ

第3章

張力を鍛えよう！ 40代からのフレックストレーニング

1 張力を鍛えるフレックストレーニングとは？

フレックストレーニング＝Flexibility（柔軟に）＋Training（鍛える）

（※フレックストレーニングは２０１８年３月に弊社が商標登録をしたオリジナルトレーニングです。）

張力を鍛えるためのトレーニングをフレックストレーニングと言います。

フレックストレーニングの最大の特徴は、筋力と柔軟性を同時に養えることです。

従来のフィットネスの世界では、筋力を獲得したければ筋トレ、柔軟性を手にしたければストレッチというように筋力と柔軟性は別々に行うことが常識とされてきました。しかし本来、ストレッチと筋トレを別々にやること自体がカラダ作りの本質から外れていると考えていました。なぜなら実際に人間のカラダは、筋肉が伸ばされる部位や、収縮する部位などが相互作用しながら全身の動きが作られるからです。

そこで長年の身体動作研究の結果、強さと柔らかさを共存することはできないか？を試行錯誤して生まれたのが、張力という新しい概念とフレックストレーニングです。

フレックストレーニングは、テンセグリティ構造という人体の特性を活かし、張力という新しい概念をベースに、筋力、柔軟性のみならずバランス、全身の連動性などの身体要素も同時に鍛えることができます。

またフレックストレーニングは、カラダを無理に酷使することなく、持続可能な健康なカラダ作りを実現します。これは人生100年時代を見据えた40代からのトレーニングを考える際に特に重要な視点であり、私たちのカラダと心を健康に保つために必要な要素です。

2 フレックストレーニングは全身運動トレーニング

筋トレとフレックストレーニングの大きな違いは「局所or全身」そして「魅せる筋肉を作るor動けるカラダを作る」というところにもあります。

フレックストレーニングは「伸ばしながら行う全身運動」です。一方、筋トレは「筋肉を縮めながら行う局所運動」のメニューが多く存在します。（もちろんそうではない筋トレメニューも存在します）

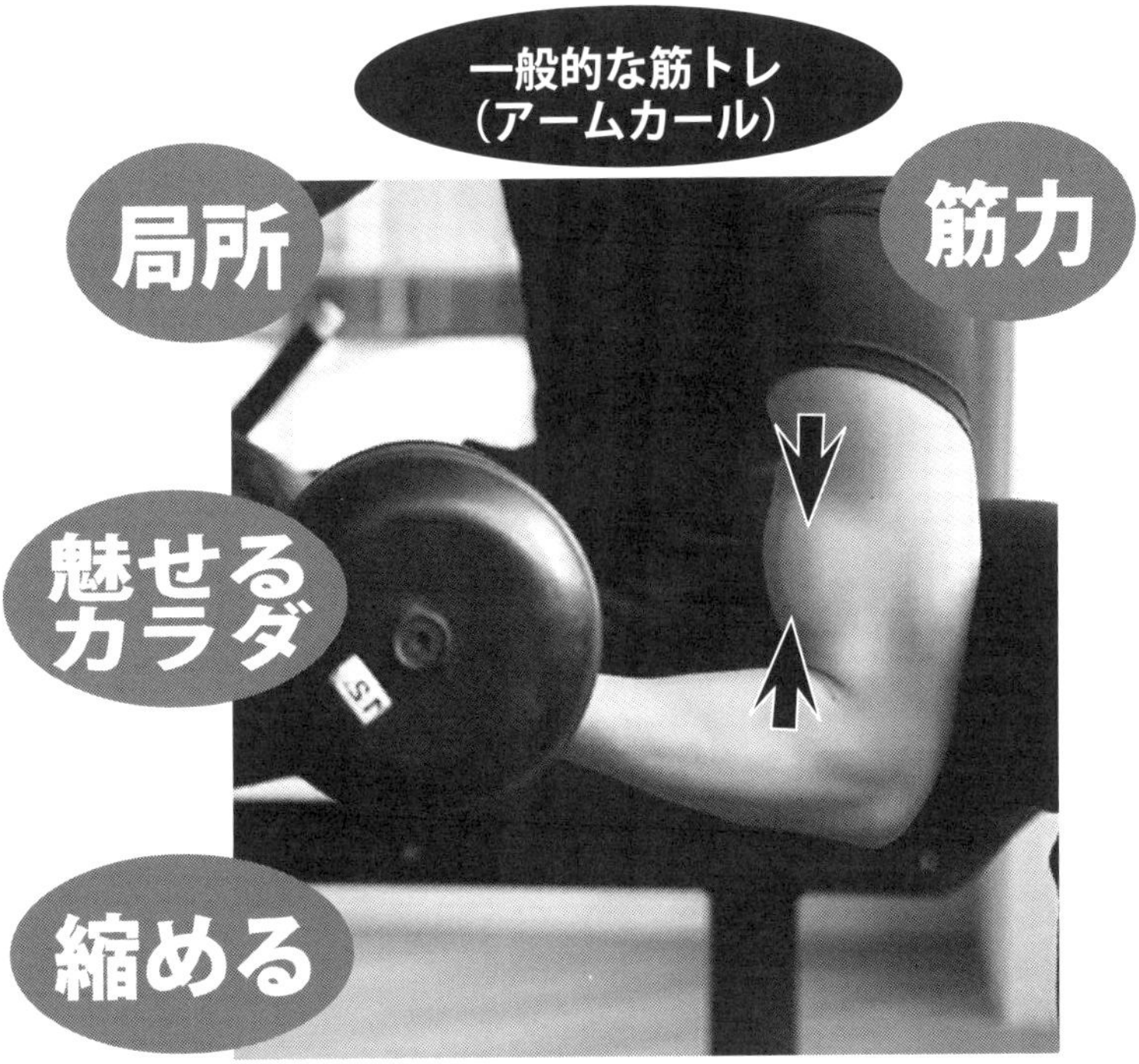

例えばアームカールという代表的な筋トレ（上掲写真参照）で説明してみましょう。このトレーニングは、椅子に座り、足に肘を固定して行うのが最も効果的です。なぜなら上腕二頭筋という局所の筋肉だけに効かせることができるからです。つまり純粋に「上腕二頭筋を太くする」ことを目的としたトレーニングなわけです。

一方、次ページ写真のように本書でご紹介するフレックストレーニングは、張力を働かせ、カラダを大きく広く伸ばしながら動くことで、動けるカラダを作るという

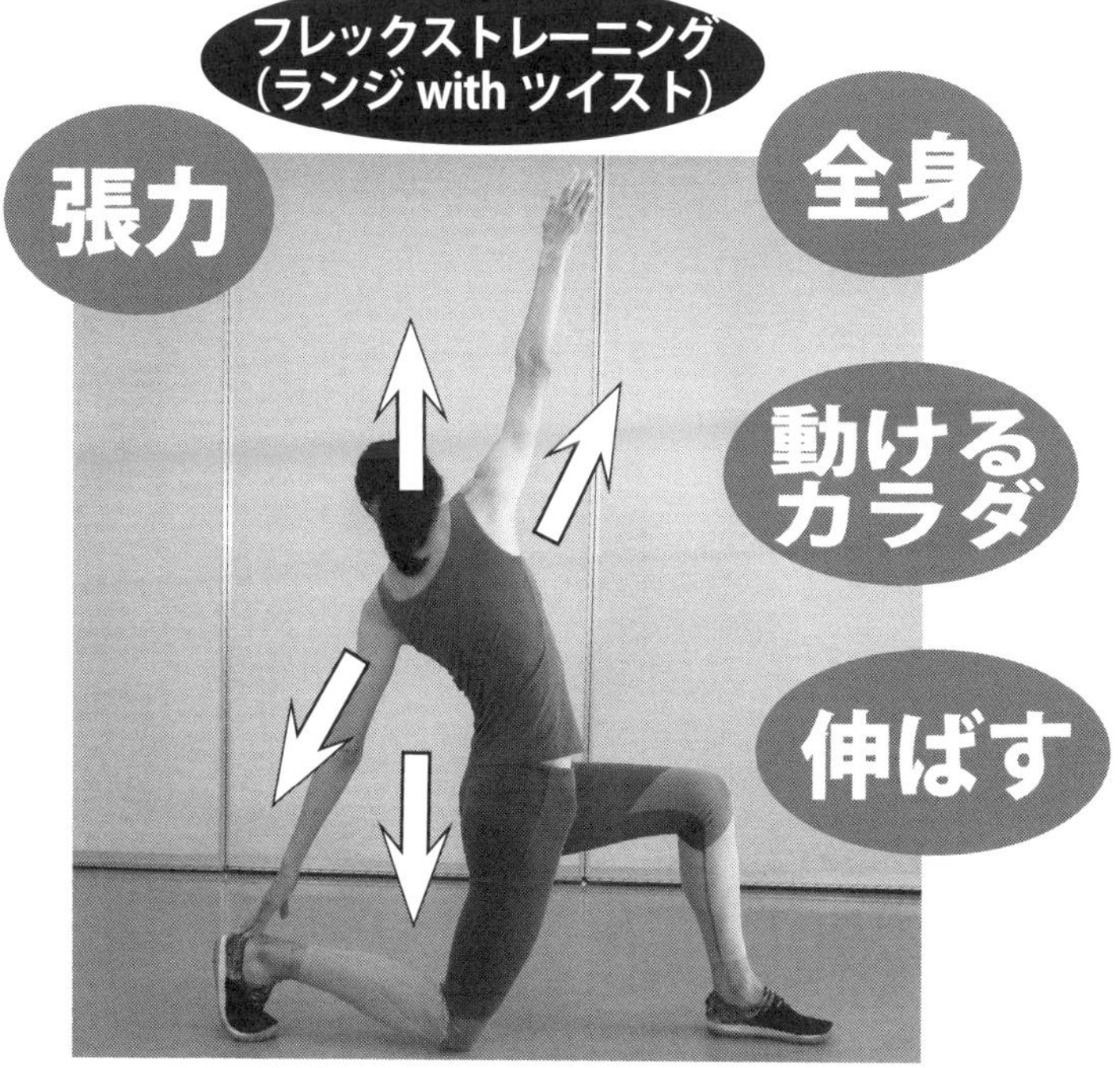

トレーニングです。

立ち上がる動作も、歩く動作も、下に置いてある物を拾う動作も、人間の動きというものは、局所の動きで済ませた方が良いものはほとんど存在しません。

フレックストレーニングの目的は、人間が本来持っている動きを作るトレーニングであり、さらに動けるカラダを作っていくことです。動きの質を高めることでもあり、一生快適に動き続けられるカラダを手に入れることにも繋がります。

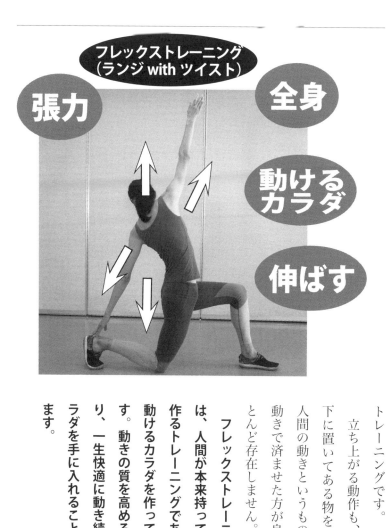

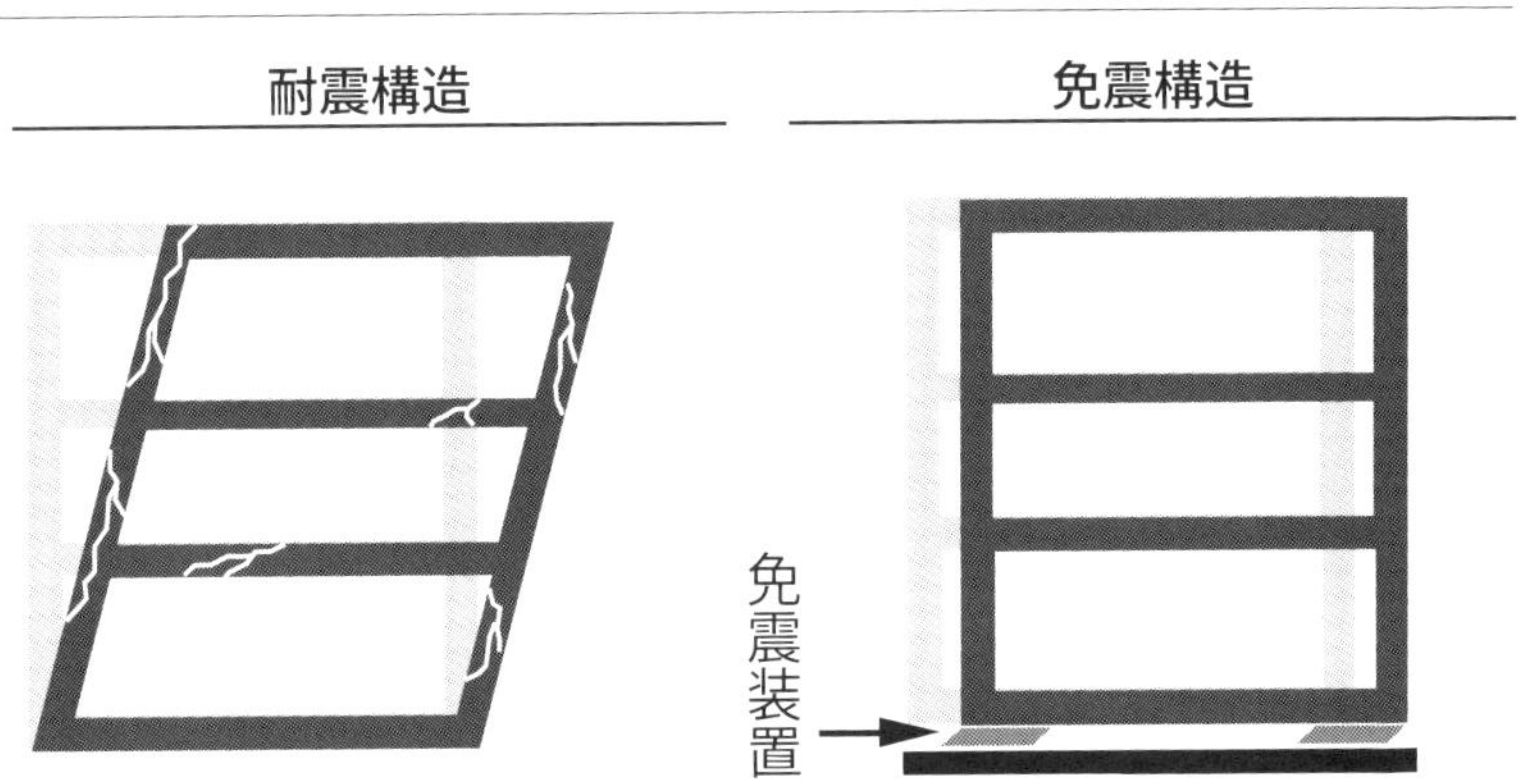

3 柳のようなしなやかな強さが手に入るフレックストレーニング

大別すると、カラダの強さには「硬い強さ」「しなやかな強さ」の2種類が存在します。

「硬い強さ」とは、鋼鉄のような頑丈な強さです。例えば、外部からの衝撃に耐える能力を備えた耐震構造の建物や、外側の筋肉がしっかりとついたボディビルダーのカラダなどに見られます。彼らのカラダは、強くて太い大木をも想像させます。

一方、「しなやかな強さ」とは、さまざまな状況や環境に柔軟に対応できる力を意味します。外部からの衝撃を吸収し、そのエネルギーを利用する免震構造の建物や、強風でもしなやかに受け流す柳の木はイメージしやすいかと思います。また柳の木は川や池の周りに水害防止対策として植栽されていますが、強靭で良く張る根っ子も特徴です。つまり第2章でも説明した「上虚下実《じょうきょかじつ》」を体現している植物とも言えます。

通常の筋トレは「硬い強さ」を追求するトレーニングです。これは、筋力や筋肥大を追求するあまり、筋肉や関節が硬化し、しなやかな動きが制限されて「動けないカラダ」へと繋がる可能性があります。それに対し、**全身の張力を鍛え「しなやかな強さ」を目指すのがフレックストレーニングの特徴です。**フレックストレーニングによって鍛えられた「しなやかな強さ」を持つカラダは、さまざまな状況に柔軟に対応し、倒れることなく立ち続けることが可能です。

進化論で有名な偉人ダーウィンもこんな名言を残してこの世を去りました。「強いもの、賢いものが生き残るのではない。変化できるものが生き残るのだ」つまり**私たちが目指すべき真の強さとは「変化に柔軟に対応できる強さ＝しなやかな強さ」と言えるのではないでしょうか？**

関節可動域に影響する要素

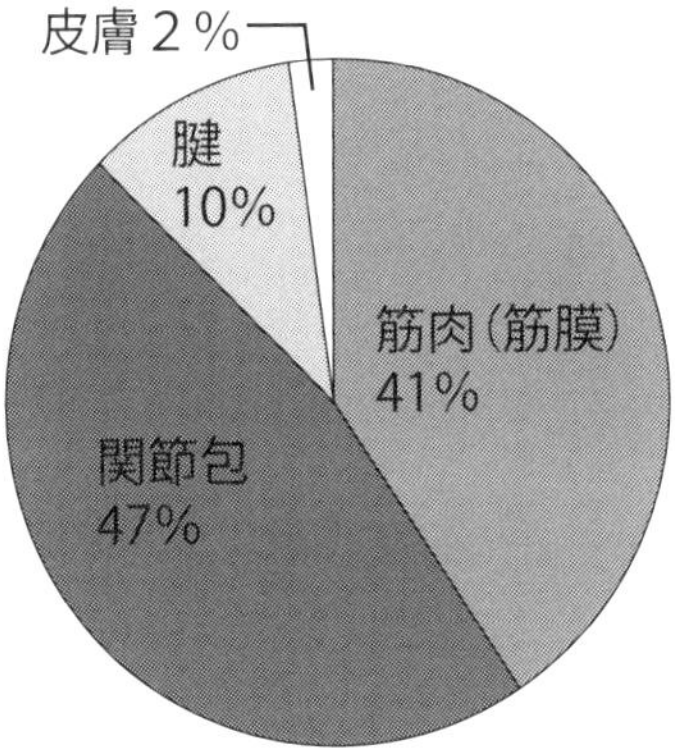

（参考資料：ホリスティックコンディショニング No1 矢野雅知著）

4 関節可動域に影響する要素とは？

さて、フレックストレーニングは筋力と柔軟性とバランスなどを同時に養えるのが特徴ですが、ここで少し専門的な知識を入れておきましょう。

人体の柔軟性は、関節の可動範囲に影響を与える様々な要素に支えられています。これらの要素はカラダの可動性や動作の質に大きな影響を及ぼす重要な因子です。上の円グラフをご覧ください。

❶筋肉・筋膜　41％

筋肉と筋膜は、関節の可動範囲における最も重要な要素の一つです。筋肉と筋膜の柔軟性があることで、関節の可動範囲が向上し、カラダの動きがスムーズになります。実は、筋肉と筋膜の柔軟性は関節の可動範囲に対して約41％の影響を与えるとされています。

❷関節包　47％

次に、関節包も関節の可動範囲に大きく影響を与えます。関節包は関節を覆う組織で、関節の安定性や可動範囲を支えます。関節包の柔軟性が向上することで、関節の可動範囲が広がり、カラダの動きがより自由になります。関節包は、関節の可動範囲に対して約47％もの影響を与えると言われています。

❸腱　10％

さらに、腱も関節の可動範囲に影響を与える重要な要素の一つです。腱は筋肉と骨を連結する組織であり、筋力の伝達や関節の安定性に関与します。腱の柔軟性が向上することで、関節の可動範囲が広がり、カラダの動きが改善されます。腱は、関節の可動範囲に対して約10％の影響を与えるとされています。

❹**皮膚　2％**

最後に、皮膚も関節の可動範囲にわずかながら影響を与えます。皮膚の柔軟性が向上することで、関節の動きが制約されず、より広い可動範囲を実現できます。皮膚は、関節の可動範囲に対して約2％の影響を与えるとされています。

これらの要素が組み合わさることで、人体の柔軟性は形成されます。**関節の可動範囲を向上させるためには、筋肉だけではなく、筋膜、関節包、腱、そして皮膚をバランス良く柔軟にすることが重要です。フレックストレーニングではこれらの要素を柔軟にしながら鍛えることで、より自由な動きを実現することができます。**

フレックストレーニングは、筋肉、関節、筋膜の3つ視点をベースに構築されています。そこでなぜ筋力と柔軟性を同時に養えることができるのかについて、運動生理学、骨格構造学、筋膜学の理論から解説をしていきます。

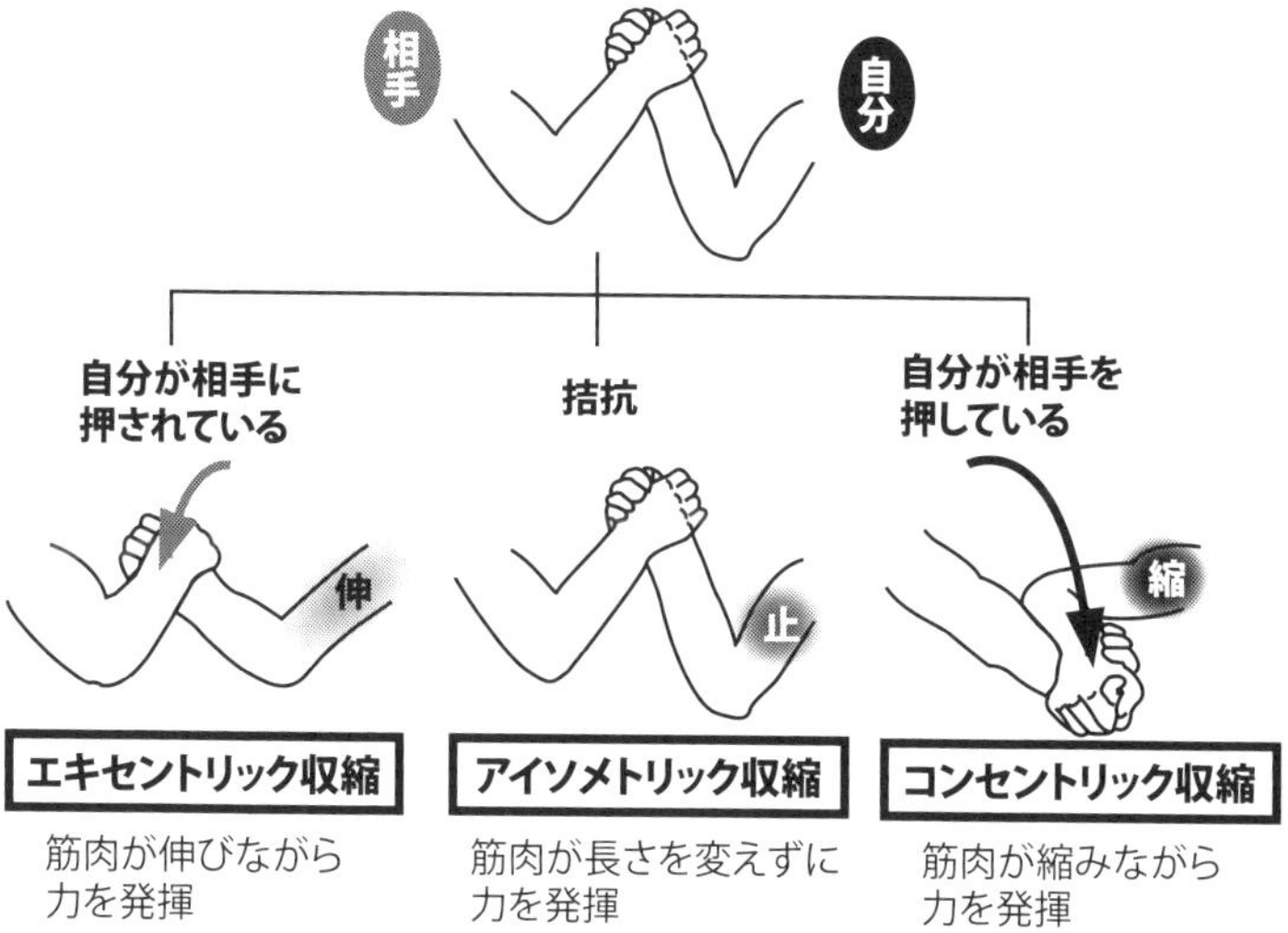

5 しなやかな筋肉が手に入るフレックストレーニング

まずは筋肉目線でフレックストレーニングを考えていきます。

筋肉の収縮には大きく分けて3つの種類があります。アイソメトリック収縮、コンセントリック収縮、エキセントリック収縮と言われるものです。これら3つの収縮方式はそれぞれ異なる力を発揮し、また筋肉のダメージやトレーニングの効果にも違いがあります。

腕相撲をイメージすると分かりやすいか

と思います。

アイソメトリック収縮は、お互いが拮抗している状態＝筋肉の長さが変わらない状態で力を発揮しています。コンセントリック収縮は、自分が相手を押している状態＝筋肉が力を発揮しながら短くなるため、一般にアイソメトリック収縮の約70〜75％の力しか発揮できないと言われています。つまり、アイソメトリック収縮に比べてコンセントリック収縮は少ない力を発揮します。

そしてエキセントリック収縮は、自分が相手に押されている状態＝筋肉が力を発揮しながら伸びるため、一般にアイソメトリック収縮の約１２０〜１４０％の力を発揮できると言われています。

つまり、アイソメトリック収縮に比べてエキセントリック収縮はより強い力を発揮できます。


筋肉目線から見たフレックストレーニングの魅力は、このエキセントリック収縮を重視することで最大限に筋力を引き出せるところにあります。そして、筋肉の伸長を通じて筋肉の柔軟性も同時に向上します。これは日々の生活の中での動きの質を高め、日常的な動作のパフォーマンスを改善します。

6 しなやかな関節が手に入るフレックストレーニング

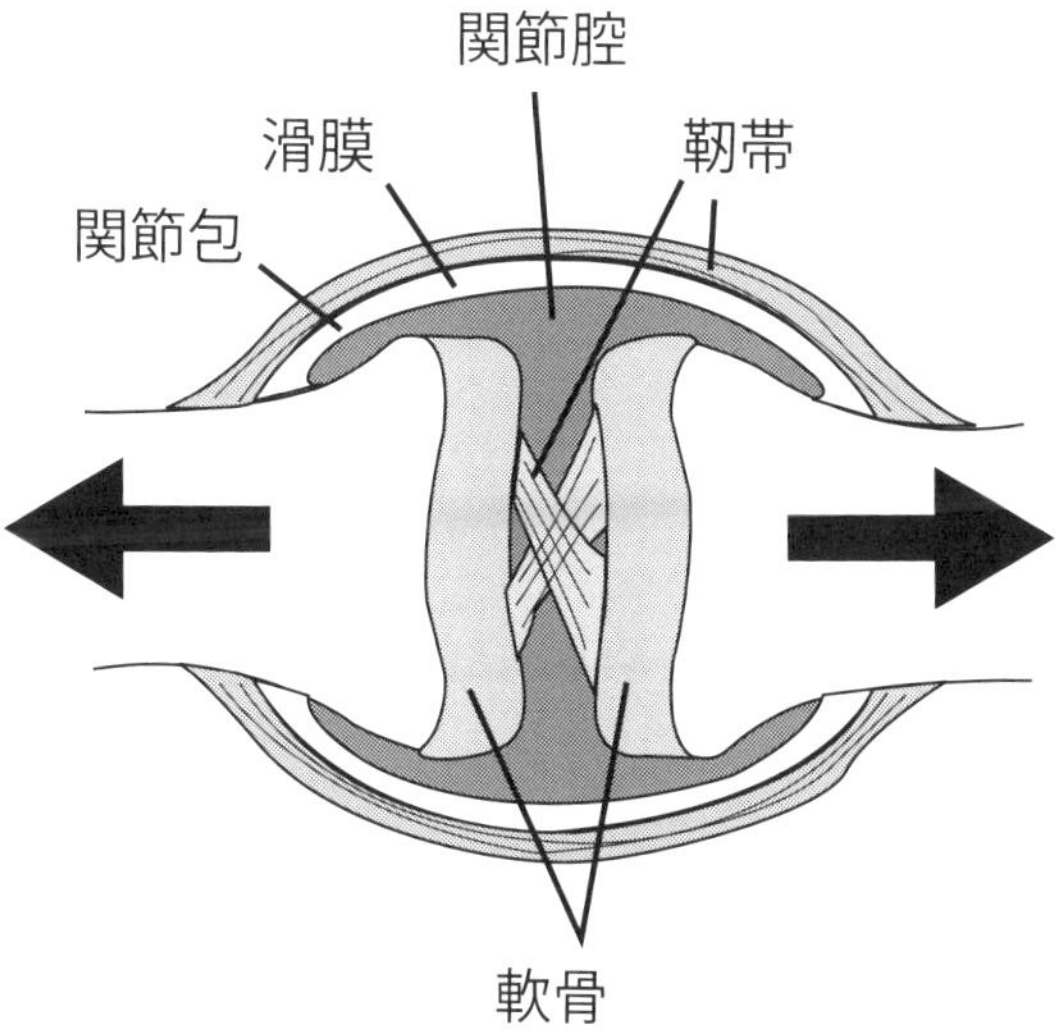

次に関節の視点で考えていきます。

関節とはカラダを構成する骨と骨のジョイント（つなぎ目）の部分のことを言いますが、関節をスムーズに動かすためには数ミリ単位の「関節のスキマ」が必要です。**そしてフレックストレーニングでは、関節に引っ張り合う力＝張力をかけることで「関節のスキマ」を作ることができます。**またカラダを構成する関節には、動きを制御し安定性を保つ役割（Stability関節）と、柔軟性と動きの幅を提供する役割（Mobility関節）があります。フレックストレーニングは、各関節の役割を考慮しながら、正しく関節を動かすことを心がけるため、全身のバランスとパフォーマンスを最適化するアプローチです。

7 しなやかな筋膜が手に入るフレックストレーニング

最後に筋膜の視点です。

フレックストレーニングでは、全身に張り巡らされた筋膜（筋肉を包む結合組織）の柔軟性と強化も考慮しています。筋膜は、筋肉を包み込み、カラダの動きと連携する重要な役割を果たしています。フレックストレーニングは、筋膜のつながりや連携性を考慮し、全身のバランスと動作の質を改善するアプローチです。筋膜の柔軟性を高めることで、筋肉の動きがスムーズになり、パフォーマンスの向上や怪我のリスクの低減にもつながります。

以上の観点から、

フレックストレーニングでは筋肉、関節、筋膜を伸ばしながら鍛えることによって、張力を鍛えるという概念が重要な要素となります。これによって筋力、柔軟性、バランス能力が同時に手に入り、身体パフォーマンスの向上を促すことができるのです。

筋膜のつながりを考える際に想定されるさまざまなライン

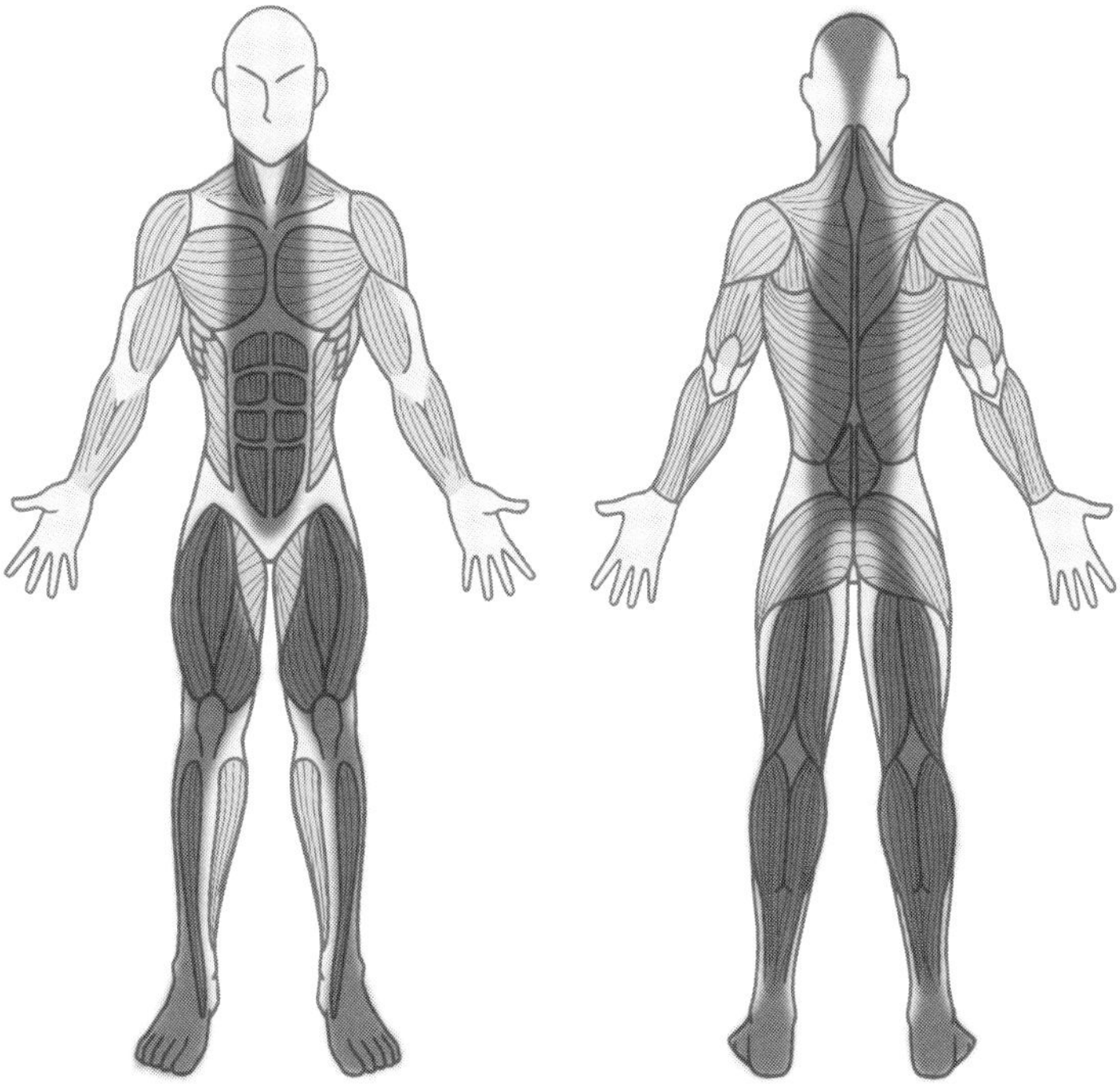

8 フレックストレーニング＝筋トレ＋ファンクショナル＋ヨガ

一般的に筋トレは、強い筋肉を作るのに最適なアプローチです。またファンクショナルトレーニングは機能的な関節の使い方を手に入れるのに有効な手段です。そしてヨガのメソッドは全身のしなやかな動きを得るために素晴らしいエクササイズと言えます。

フレックストレーニングは張力という概

念を元に、筋肉、関節、筋膜という3つの視点から筋トレ、ファンクショナル（機能的）トレーニング、ヨガの良いところを同時に融合させた超ハイブリッドなトレーニングともいえます。

9 フレックストレーニングとストレッチの大きな違いについて

「要するにフレックストレーニングってストレッチですか？」と時々聞かれることがありますが、フレックストレーニングはストレッチとは大きく異なります。

ストレッチは筋肉や組織を伸ばすことに焦点を当てています。ストレッチは、筋肉を柔軟にすることが目的であり、ある一定のポーズをとることで筋肉を伸ばします。

一方、フレックストレーニングは「張力」を鍛えることに焦点を置いています。フレックストレーニングでは、筋肉や関節を伸ばしながら強化することで、全身の「張力」を高めるトレーニングです。この張力とは、引っ張り合う力のことであり、バランスの取れたカラダを作り出す重要な要素です。そしてフレックストレーニングでは、動きながら筋肉や関節を活かして、その動作の中で張力を鍛えることが大切です。

例えば、ゴムのように引っ張り合う力を意識してトレーニングすることで、全身のバランスと柔軟性を同時に向上させます。つまり**フレックストレーニングは筋肉の強化と柔軟性の両方を同時に追求するトレーニング方法なのです。**

フレックストレーニングはストレッチとは全く異なり、「張力を鍛える」という新しいアプローチを提供しています。

第4章

フレックストレーニングの意識の置き方

1 私たちのカラダには取扱説明書が存在する

この章ではフレックストレーニングを始める前の大切な心構えと意識の置き方についてお伝えします。

電化製品を購入すると使用上の注意が書かれた取扱説明書が必ず添付されていますが、私たちのカラダにも正しい使い方と注意事項が書かれた取扱説明書というものが存在します。例えば電子レンジを使用する際に、アルミホイルを使うと火災の原因になりますが、**私たちのカラダも間違った使い方をすると「違和感」や「イヤな痛み」というサインを発してくれるのですが、そのサインを無視しないことが重要です。**

例えば、人体の関節を大別すると、Mobility 関節(可動性が求められる関節)とStability 関節(安定性が求められる関節)に分けられます。Mobility 関節は大きな動きに適した関節、Stability 関節は大きな動きに適さない関節という取扱説明書が存在します。

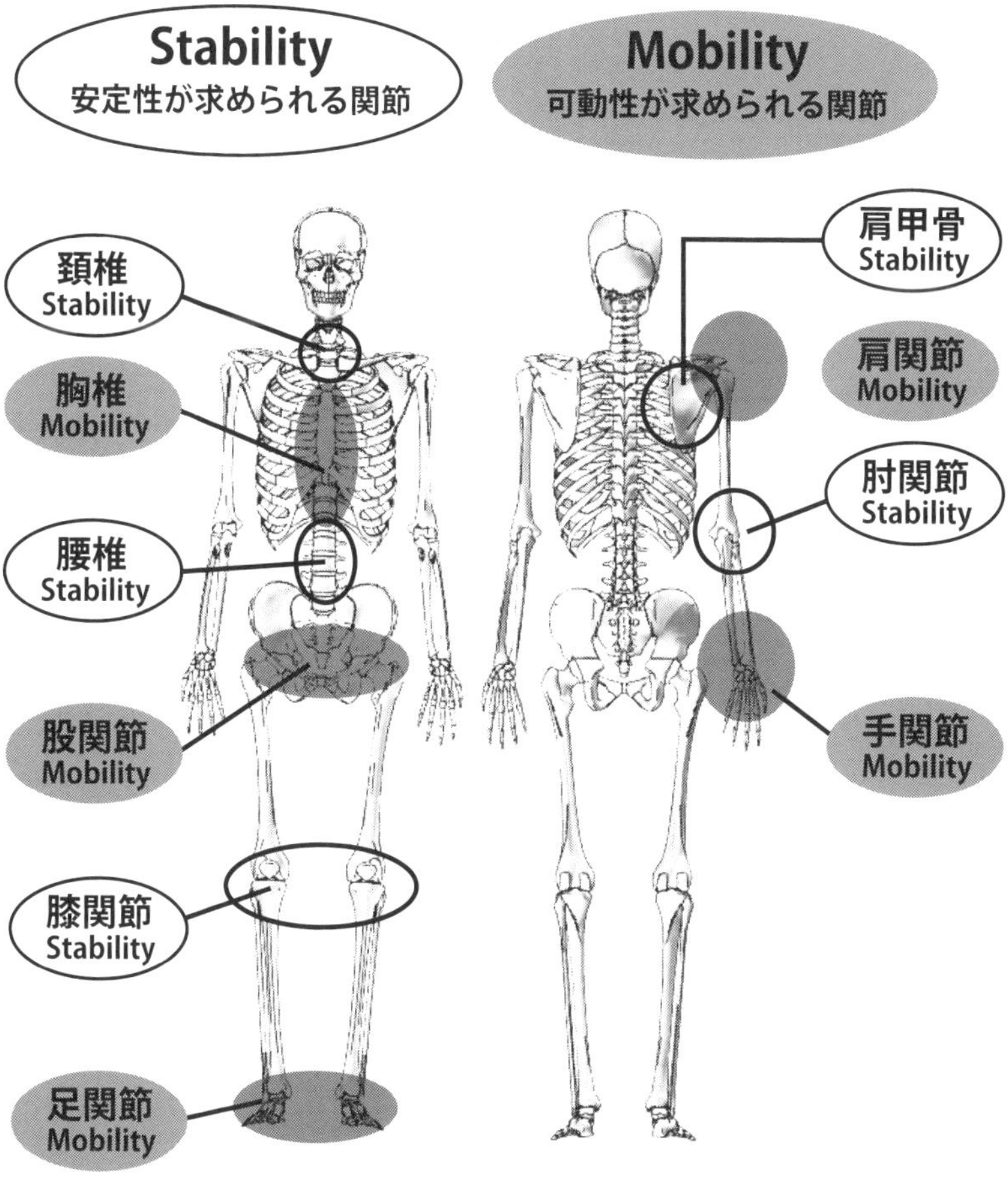
Stability
安定性が求められる関節
Mobility
可動性が求められる関節
頸椎
Stability
胸椎
Mobility
腰椎
Stability
股関節
Mobility
膝関節
Stability
足関節
Mobility
肩甲骨
Stability
肩関節
Mobility
肘関節
Stability
手関節
Mobility

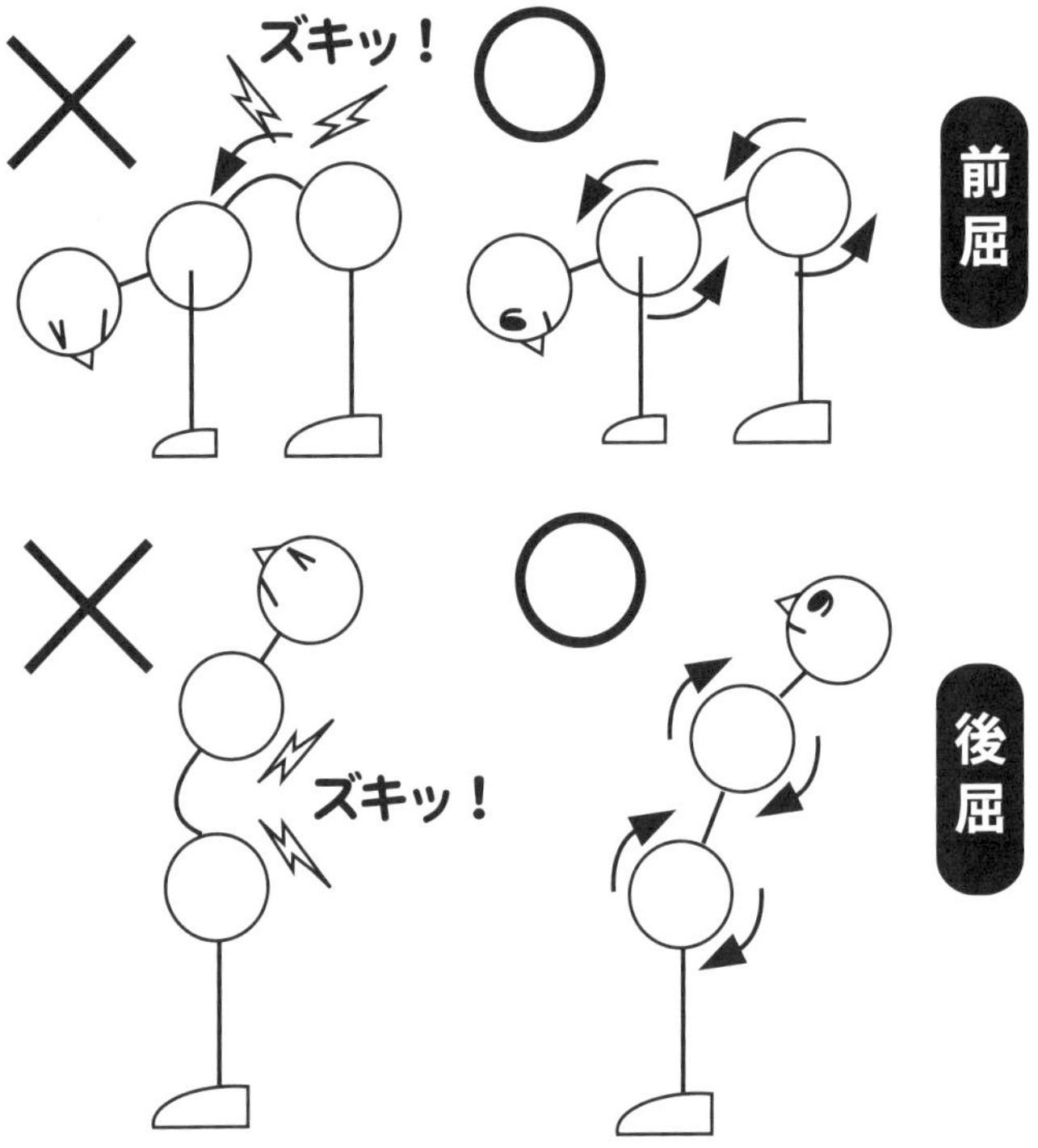

前屈をする時、Mobility関節である股関節を曲げ、そしてMobility関節の胸椎を曲げていくのが正しい前屈の仕方になりますが、腰痛になりやすい人は、Stability関節である腰椎から曲げるという悪い癖があります。

また後屈をする時も同じです。Mobility関節である股関節を伸展し、Mobility関節の胸椎を反らせるとスムーズにカラダが動き痛みもありませんが、腰椎から反るクセのある人は、腰に嫌な痛みを感じるはずです。私はカラダの専門家として、人のカラダの動きを見る際は常にこのような視点を持ち合わせています。

このようにカラダの取扱説明書を理解し、カラダと丁寧に向き合うことで、効果的で安全なトレーニングができるようになります。正しい心構えとカラダに対する正しい理解を持ち、フレックストレーニングの世界を楽しんでください。

2 フレックストレーニングは正しい姿勢を意識する

フレックストレーニングの魅力は、日常の動作がよりスムーズに、より自然に行えるようになることにあります。一部の筋肉だけを鍛えるのではなく、日常動作に直結する正しい姿勢と正しい動作を身につけることができるのです。

そのためにもまずは正しい姿勢の作り方を理解することです。**正しい姿勢は一言で表現すると「背筋ピーン」です。**40代以降の人は懐かしいフレーズかと思いますが、一瞬でイメージが湧きやすいのでフレックストレーニングを行う際の共通言語にしていきましょう。

①外くるぶしの下に重心を置いて立ちます。

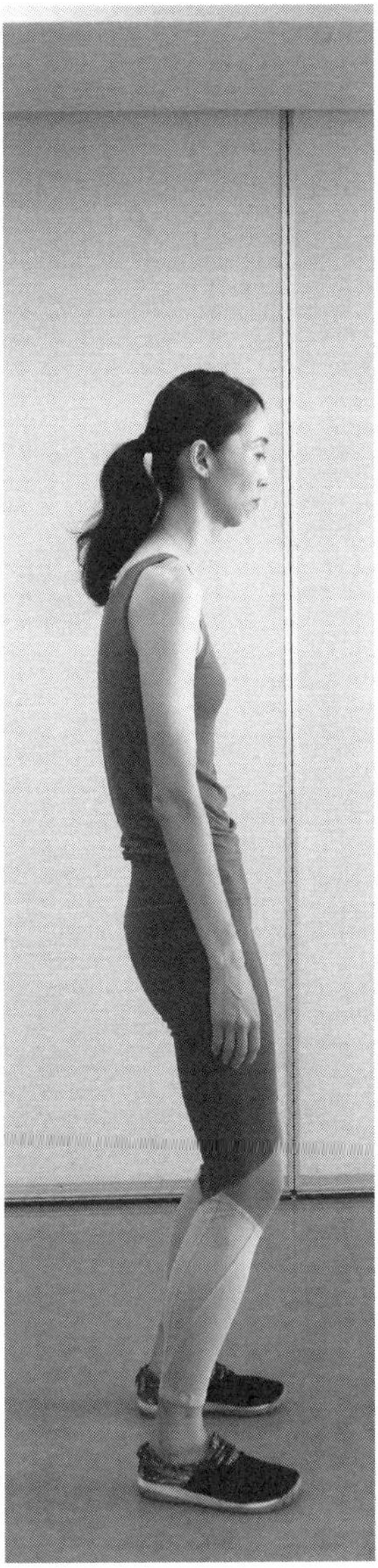

②両手をバンザイすることで、上半身が縦方向に伸びて張力が働きます。

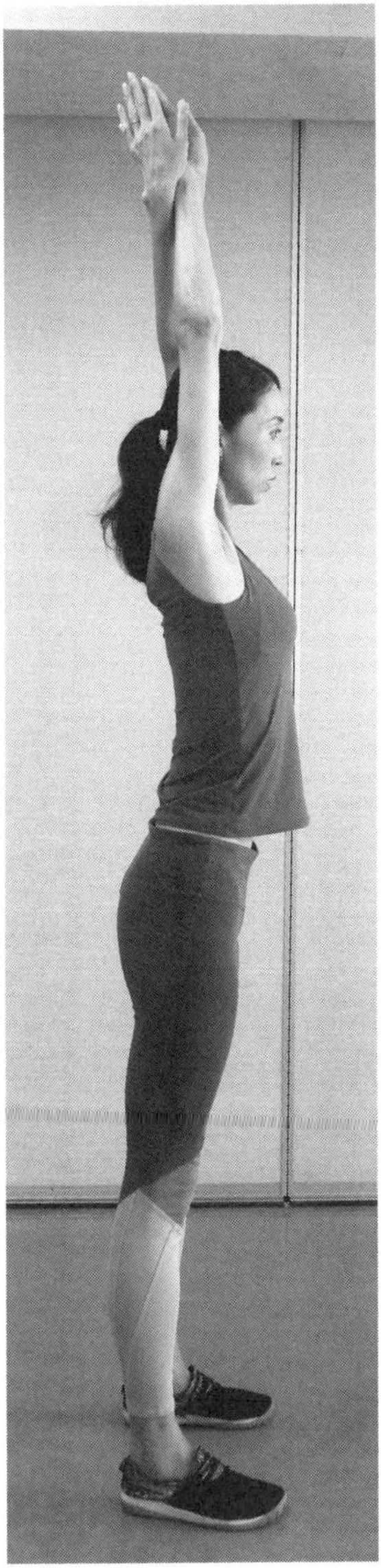

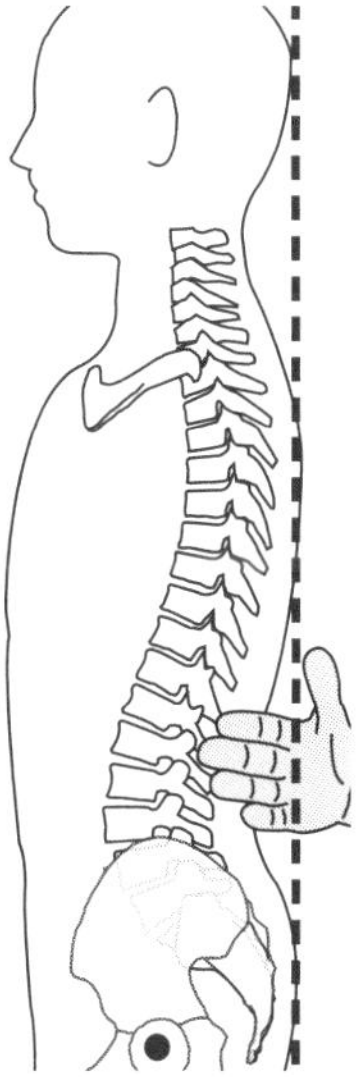

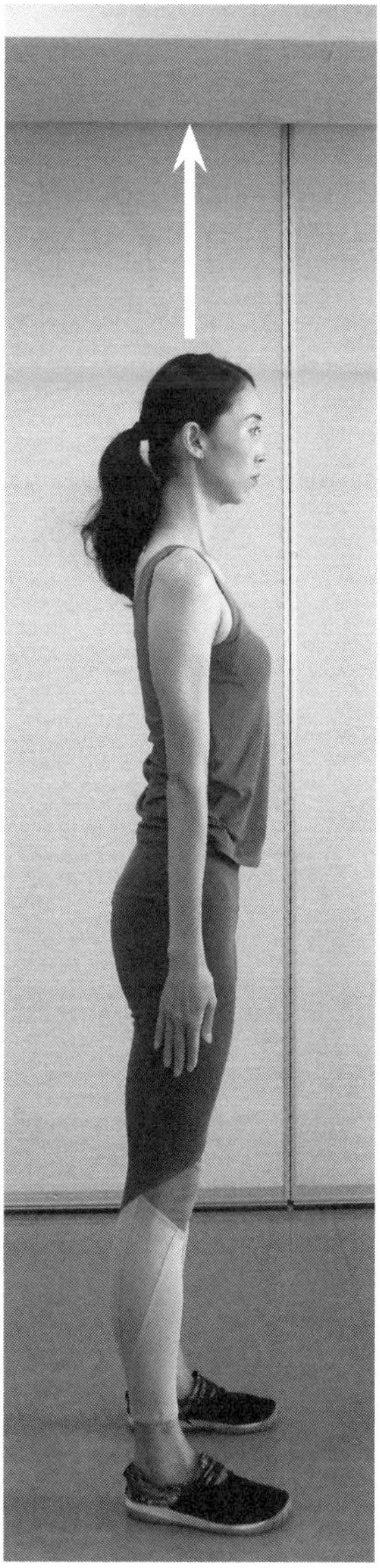

③ 縦に伸びた背骨の状態を保ちながら、ゆっくりと手を下ろします。

これで背筋ピーンの出来上がり。フレックストレーニングのすべてのトレーニングの構えや姿勢はこれに集約されます。

正しい基本姿勢のわかりやすいガイドラインとして

仙骨―胸椎―後頭部の3点が一直線上で、腰椎のカーブが手のひら一つ分入る状態が理想です。

3 フレックストレーニングは筋肉ではなく関節を意識する

通常の筋トレは筋肉に意識を置いてトレーニングを行いますが、フレックストレーニングではそのアプローチ法が異なります。**フレックストレーニングは、関節に意識を向けてトレーニングを行うことも特徴です。**

フレックストレーニングでは、動きの中で関節がどのように連携し合うかを理解していきます。関節同士が互いに影響し合って動くことに着目し、全身のバランスと動作の質を向上させることを目指します。**運動の動作中に関節の動きを意識しながらトレーニングをすることで運動効果を発揮します。**このようなアプローチにより、カラダ全体の動作がよりスムーズになり、パフォーマンスの向上や怪我のリスクの低減につながるのです。

自分のカラダとのコミュニケーションを大切にし、関節の動きに意識を向けながらトレーニングを行ってみましょう。その結果、より良い姿勢と動作が身につき、日常生活がより快適になることでしょう。

4 フレックストレーニングは筋力よりも張力を意識する

一般的な筋トレは、主に筋力を鍛えることに焦点が置かれますが、フレックストレーニングはそのアプローチが異なります。フレックストレーニングは、張力を鍛えるトレーニング方法です。張力とは、カラダで働く引っ張り合う力のことです。英語ではtension（テンション）とも表現します。**フレックストレーニングでは動きが止まる局面が存在しますが、この際に張力に意識をおくことがポイントです。**フレックストレーニングでは、この張力を重要な要素として取り入れ、全身の調和とバランスを高めることを目指します。

張力を鍛えることで、カラダの内部にしなやかな力が生まれます。そして筋力や柔軟性、バランス能力だけでなく、関節の安定性や姿勢の改善にもつながるのです。

5 フレックストレーニングの正しい動きを意識する

人間のカラダは複雑なように見えて実はとてもシンプルです。

・正しく拾う動作を知らなければ、腰を丸めたまま物を取るカラダになります。
・正しくしゃがむ動作をしなければ、草むしりするとすぐに腰が痛くなります。
・正しい座り方を知らなければ、たった30分ののデスクワークでも肩こりになります。
・走る練習をしなければ、すぐに走れないカラダになるのです。

あなたのカラダは日常のライフスタイルに適応するようにできています。つまり普段やらない動きは、徐々にできなくなるのは当然のことなのです。

つまり老化を防ぐためのトレーニングは、日常の動作の延長上の動きをすることが大切です。だからこそ今こそ鍛えるべきなのは日常の動作に直結するカラダの正しい動かし方です。人生100年時代に備えて張力を鍛え、日常の動作に直結するフレックストレーニングを取り組むことには大きな意味があります。

第1章でもお伝えしましたが、私たち人間の日常は「立つ・座る・拾う・歩く・押す・引く・しゃがむ・ねじる・踏み込む・走る」の10の基本動作から構成されています。幼少期の頃は同じようなカラダの使い方をしていますが、発育、発達段階で様々な環境因子により、人それぞれに動きのクセが発生していきます。

次ページからのイラストをご覧ください。NGの方は張力が働かず、黒い矢印の方向にカラダが縮こまっている状態を表しています。このように張力が働いていない悪い習慣を積み重ねると腰痛・膝痛そして関節の変形症など大きなトラブルの原因になります。

一方、OKの方はグレーの矢印の方向へ張力が働きながら正しい姿勢や正しい動作を表してい

拾う

立つ　座る

引く

押す

ひねる
NG
OK
踏み込む
NG
OK
しゃがむ
NG
OK
走る
NG
OK
歩く
NG
OK

ます。このように張力が働いている状態はカラダの最も効率的な働きを可能にするため、関節や筋肉へのダメージが少なく、スムーズな全身運動ができ、人生１００年時代を快適に過ごせる基盤となります。

フレックストレーニングは、張力を鍛えながらこの10の動きが正しく行うことができることが基本としています。

第5章

フレックストレーニング ベーシック編

いよいよ、この章からは実践編です！

人間の日常生活は「立つ、座る、拾う、歩く、押す、引く、しゃがむ、踏み込む、ひねる、走る」の10個の動きで成り立っています。つまり、**この10個の動きに適応したトレーニングをすることこそ、日常生活の中で動けるカラダを作る、老いないカラダを作る本質です。まずはこれに即したフレックストレーニングメニューをベーシック編として紹介します。**そしてこの10個の基本的な動きを馬鹿にしてはいけません。実は様々なスポーツ動作も一見、複雑で難しそうに見えますが、実はこの10個の組み合わせで出来ているからです。

そこでこの第5章では10個のプライマルムーブメントに即したトレーニング、第6章ではアドバンス編としてスポーツ動作に繋がるフレックストレーニングをご紹介します。

◉フレックストレーニングの大きな特徴

★しなやかな強さが手に入る！～強くて柔らかいは共存できる！

★トレーニング後は自然に、美しい姿勢や正しい動作が身につく！

★一石三鳥！筋力、柔軟性、バランスなど3つ以上の体力要素を同時に鍛えられる！

★いつでも・どこでも日常のスキマ時にできるトレーニングなので、習慣化しやすい！

★日常動作に適応したトレーニングで、人生100年を自分の足で歩けるカラダが手に入る！

◉フレックストレーニング中に意識する3つのポイント

【姿勢を意識する】

まずは正しい姿勢である**背筋ピーン**を心がけます。トレーニング中は常に意識しましょう。

【関節を意識する】

局面では**関節の動き**に意識をおきましょう。

【張力を意識する】

動きが止まっている局面では**張力（テンション）**に意識を置きましょう。

◉更にフレックストレーニングの効果を高める3つのコツ

①正しい姿勢をキープした状態で、大きく広く関節を動かし、大きな動作を心がけましょう。

②必要以上の力みを生み出さないために、**大きな力を発揮する局面では呼吸を吐きましょう。**

③自重↓深さ↓重さの順序で徐々に**負荷をかけていく**としなやかな強さが身につきます。

1 《立つフレトレ》バンザイ爪先立ち

長時間、楽に気持ちよく美しい立ち姿勢が手に入る

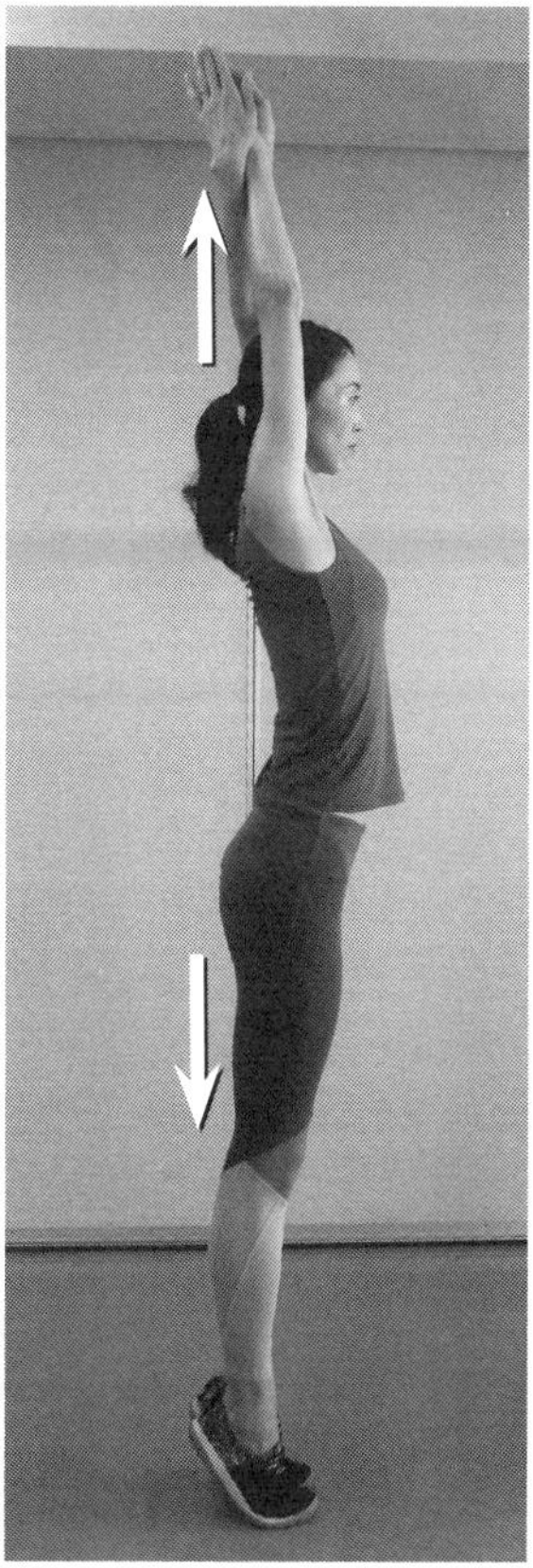

①**背筋ピーンを意識して**、両足を閉じて両手を耳の横へバンザイします。

②**足首の関節を意識して**爪先立ちになりバランスをとります。

③**脇腹や脇の下、背骨に働く張力を感じながら**50秒間キープします。

Advice!！

50秒間キープできない人は、爪先立ちを5秒キープ×10回でもOK！
細く長い呼吸を心がけましょう！

2 《座るフレトレ》イチローストレッチ

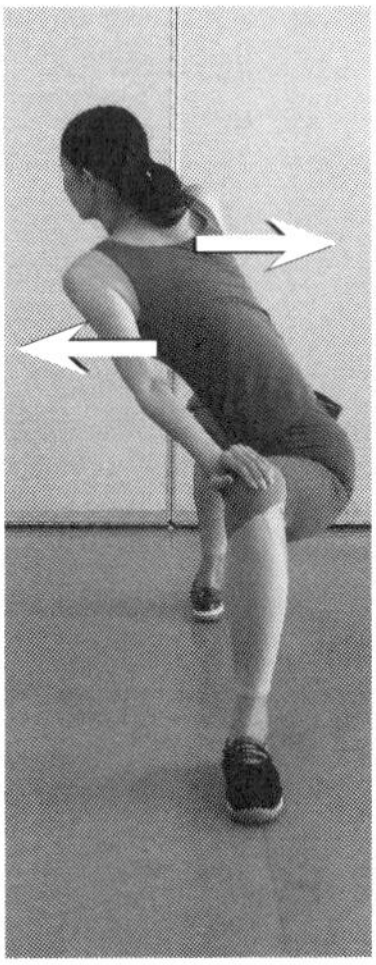

デスクワークをしても、腰痛や肩こりに悩まされないカラダを作る

Advice!！

床と足の間に長方形ができるところまでお尻を下げられるといいですね！股関節が硬い人はできる範囲で行ってください！

①**背筋ピーンを意識**して、両足を肩幅の2倍に開き、つま先を外側に向けます。膝の内側に手を置き、膝の角度は90度をイメージしてお尻を落としていきます。

②**股関節と肩甲骨を意識**しながら片方の手で膝を外側へ押し出すと肩は自然と内側に入ります。

③**内ももと背中に働く張力を感じながら**左右各5秒×5往復を行います。

3 《拾うフレトレ》ルーマニアンデッドリフト

腰を傷めずにしなやかに物を拾える動きを手に入れる

①**背筋ピーンを意識**します。足幅は肩幅と同じくらいにしておきます。

②軽く膝を緩め、**股関節を意識**しながらお尻を後ろに突き出すようにお辞儀をします。

③**太ももうらに働く張力を感じながら**5秒間キープし、元の姿勢に戻ります。

5秒キープ×10回行います。

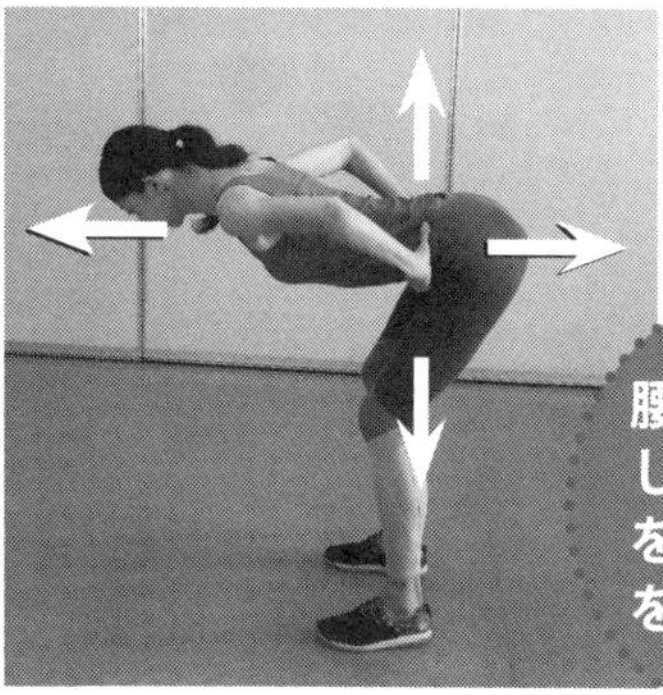

「背筋ピーン」がうまく維持できないうちは、背中に棒を当てて行う

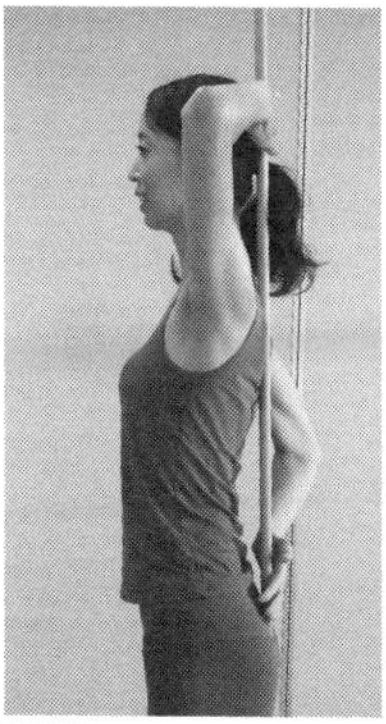

Advice!！

ももうらが硬い人には、キツイトレーニングです。姿勢が悪くなると腰が痛くなるため、背筋ピーンがキープできるところまでの範囲でお義義をしてください！

4 《押すフレトレ》
プッシュアップ

日常の押す動作の局面でも効率的に力を伝えることができる

①四つん這いになります。**背筋ピーン**を意識します。

②**肩と肘の関節を意識**しながら両肘を左右に開くように胸を床へ落としていきます。

③**胸に働く張力を感じながら**5秒間キープし、元の姿勢に戻ります。

5秒キープ×10回行います。

Advice!！

筋力のない人は膝を床に着けて四つん這い、筋力に自信のある人は爪先立ちで行いましょう！

5 《引くフレトレ》弓のポーズ

Advice!！

バランスを取るのが難しい時は手足の位置をずらしてみましょう！ あなたなりのバランスポイントが見つかるはずです。

カラダの背面を使った効率的な引く動きが手に入る

①四つん這いになります。**背筋ピーン**を意識します。

②**股関節と肩関節を意識**して右手と左足を対角線にまっすぐ伸ばしバランスをとります。次に**肘関節と膝関節**に意識を置き右肘と左膝を曲げ、手で足首を掴みます。

③**カラダの前面に働く張力を感じながら**5秒間キープし、元の姿勢に戻ります。左右交互に5秒キープ×5往復行います。

6 《しゃがむフレトレ》カエルスクワット

草むしりをしても腰を傷めないカラダを作る

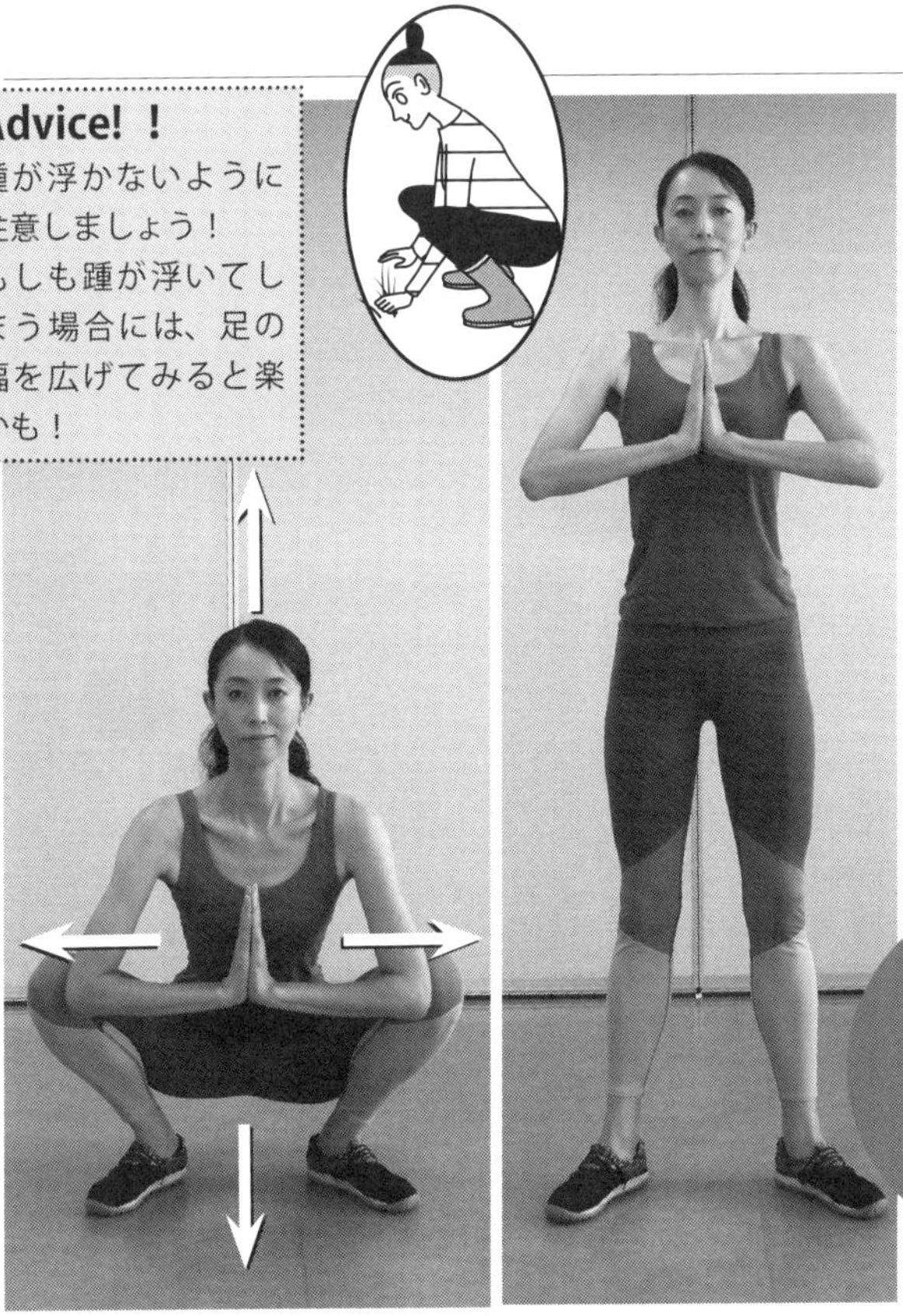

Advice!！
踵が浮かないように注意しましょう！
もしも踵が浮いてしまう場合には、足の幅を広げてみると楽かも！

①**背筋ピーンを意識**します。足を肩幅に開きます。つま先は外側に向けて、両手で合掌のポーズをとります。

②**股関節、膝関節、足関節を意識**して膝をつま先の方向に開きながら、お尻を落とします。

③**内もも、腰、背中、スネ、ふくらはぎなどに働く張力を感じながら**5秒間キープし、元の姿勢に戻ります。5秒キープ×10回行います。

7

《踏み込むフレトレ》
フロントランジ

突然つまづいても瞬間的に足が出て大怪我を防げる

Advice!！

最初に足を前に出そうとするのはNG！

つまずいた時に瞬時に足が出るカラダを作りたいので胸を先に前に出し、その後、足が出るという順序を心がけてください。

①**背筋ピーンを意識**します。両手は腰に当てておきます。

②**股関節に意識**を置きながら胸が前に出るように重心移動させ、右足を一歩前に出します。

右足首、右膝が90度になり、左膝が床に着くまで深く沈み込みます。

③**股関節前面や下腹部に働く張力を感じたら**、元の姿勢に戻ります。左右交互に10往復行います。

8 《ひねるフレトレ》
ランジ with ツイスト

カラダをひねった瞬間に起こる腰痛や首の痛みなどを防げる

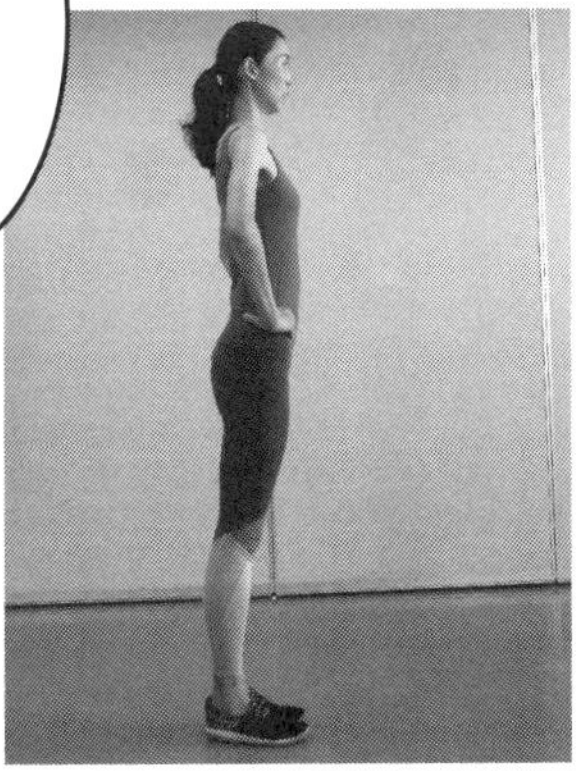

Advice!！
踵につけた手と反対側の手も斜め上に伸ばすことで、前後・上下・左右と様々な方向への張力を鍛えることができます！

①**背筋ピーンを意識**します。両手は腰に当てておきます。

②**股関節に意識**を置き、左足を後ろにステップバック、右足首、右膝が90度、左膝が床に着くまで深く沈み込みます。

③**肋骨や胸椎に意識**を置き、上半身を回旋させせながら右手で左の踵を触り、左手は上に伸ばします。

④**股関節、背中、お腹、胸などに働く張力を感じて**5秒間キープし、元の姿勢に戻ります。左右交互に5秒キープ×10回行います。

9

《歩くフレトレ》

肩甲骨ウォーク

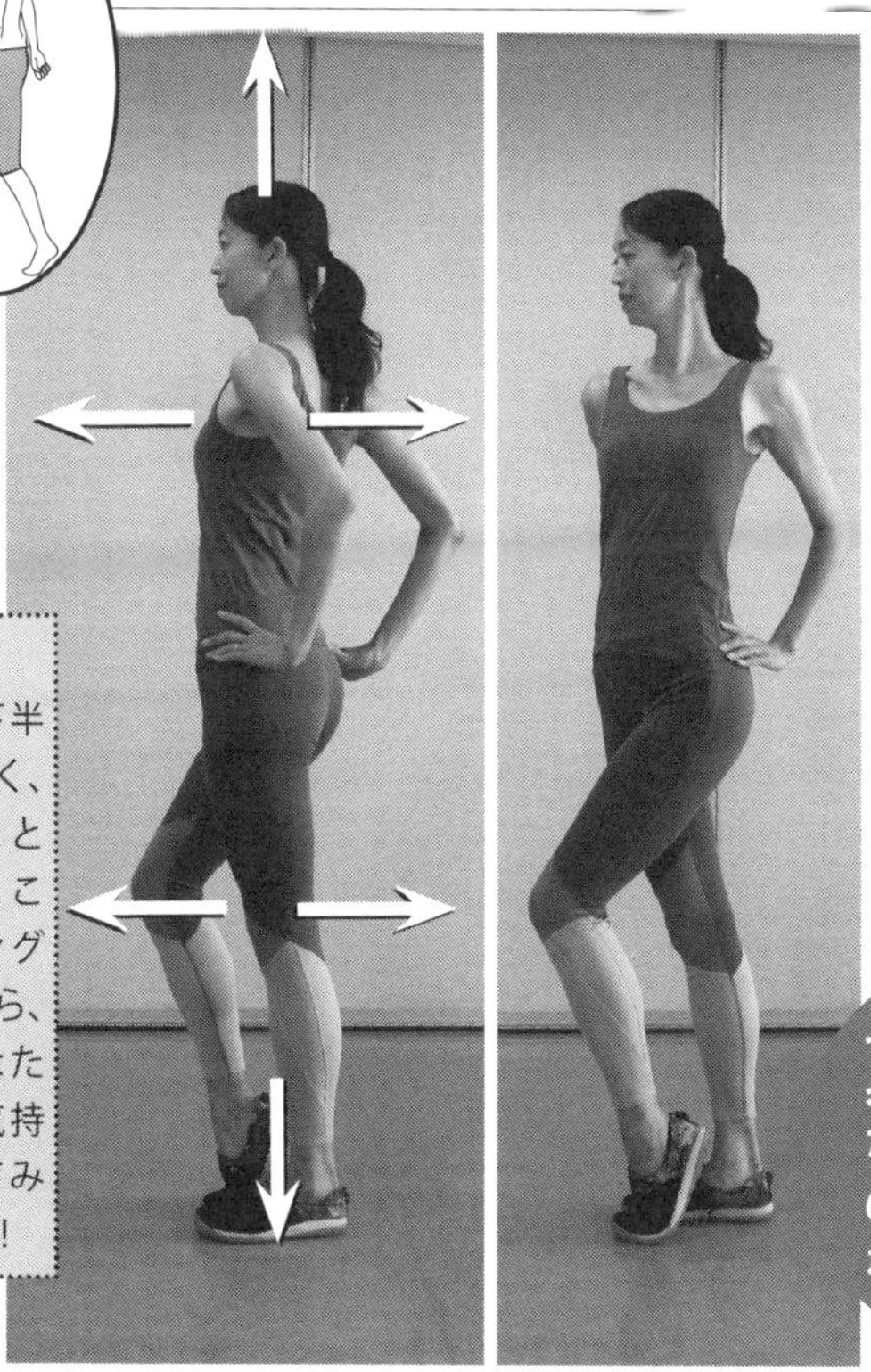

Advice!！
歩く時には下半身だけではなく、全身で歩くことが必要です。このトレーニングが慣れてきたら、そのままあなたの住む街を気持ちよく歩いてみてくださいね！

上半身と下半身を連動させながら全身でのウォーキングを体得できる

①**背筋ピーンを意識**します。両手はお尻の上部（ポケットの所）に置きます。

②**下半身の3関節（股関節・膝関節・足関節）と肩甲骨に意識**を置き、右肩を後ろに引くと同時に右の踵を浮かせ、右膝を前に出します。次に左肩を後ろに引くと同時に左の踵を浮かせ、左膝を前に出します。

③**胸や股関節、お腹の対角線上に働く張力を感じながら**リズミカルに動きを行います。20往復。

10 《走るフレトレ》フレックスジョギング

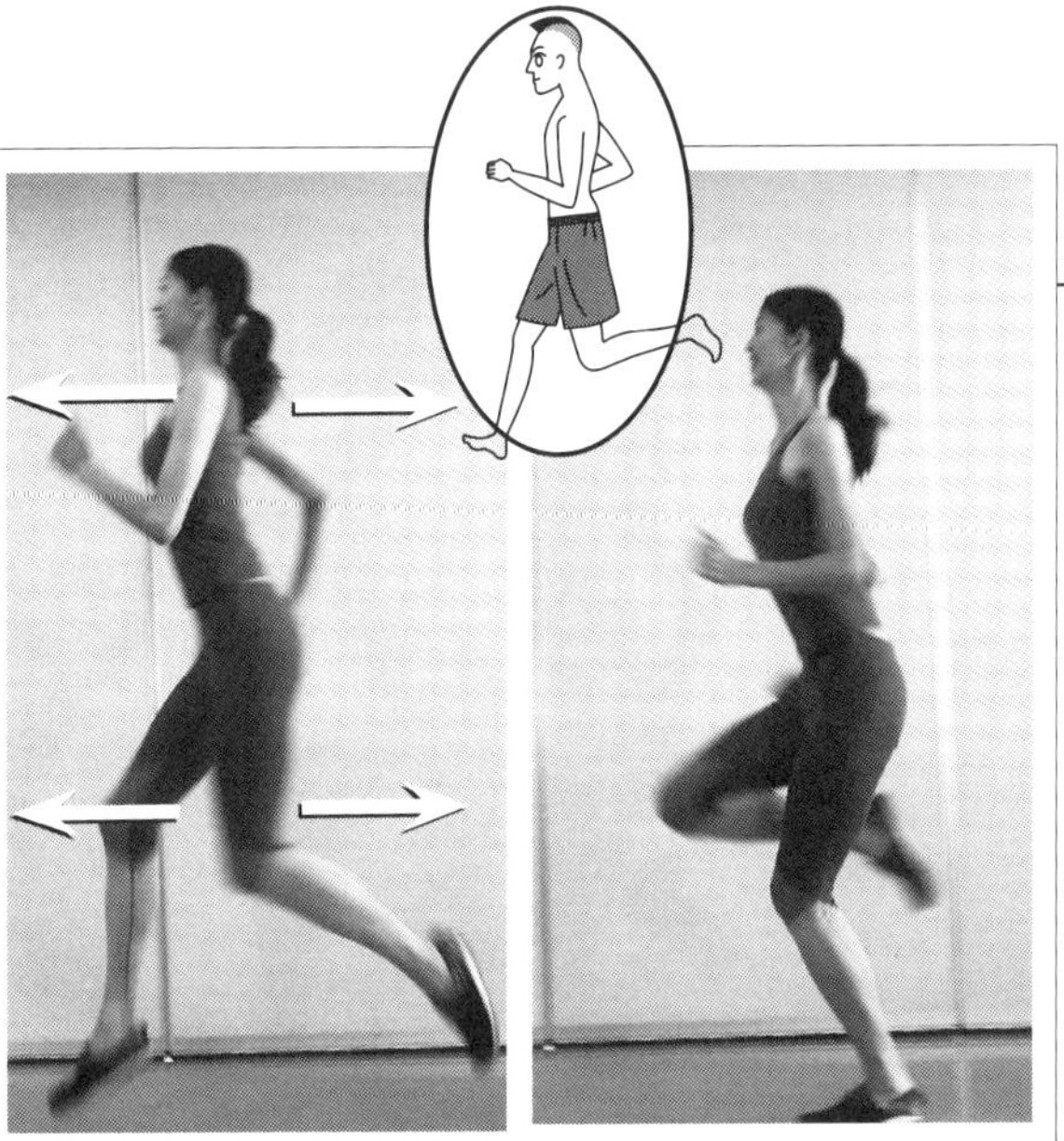

「楽に走る・軽く走る」ことの基礎を身につけることができる

Advice!！

全身に働く張力を利用すれば、長時間楽に気持ちよく走ることができます。まずは会話ができるくらいのゆっくりのペースでトライしてみてください！

①**背筋ピーンを意識**します。

②**細い一本のラインの上を走るイメージを持ちながら、胸は前、足は後ろに残すことを意識**して心地よい呼吸のリズムを保って走り始めます。

③**背骨を中心に働く張力を感じながら**、まずは5分間ジョギングすることを目標にしていきましょう。

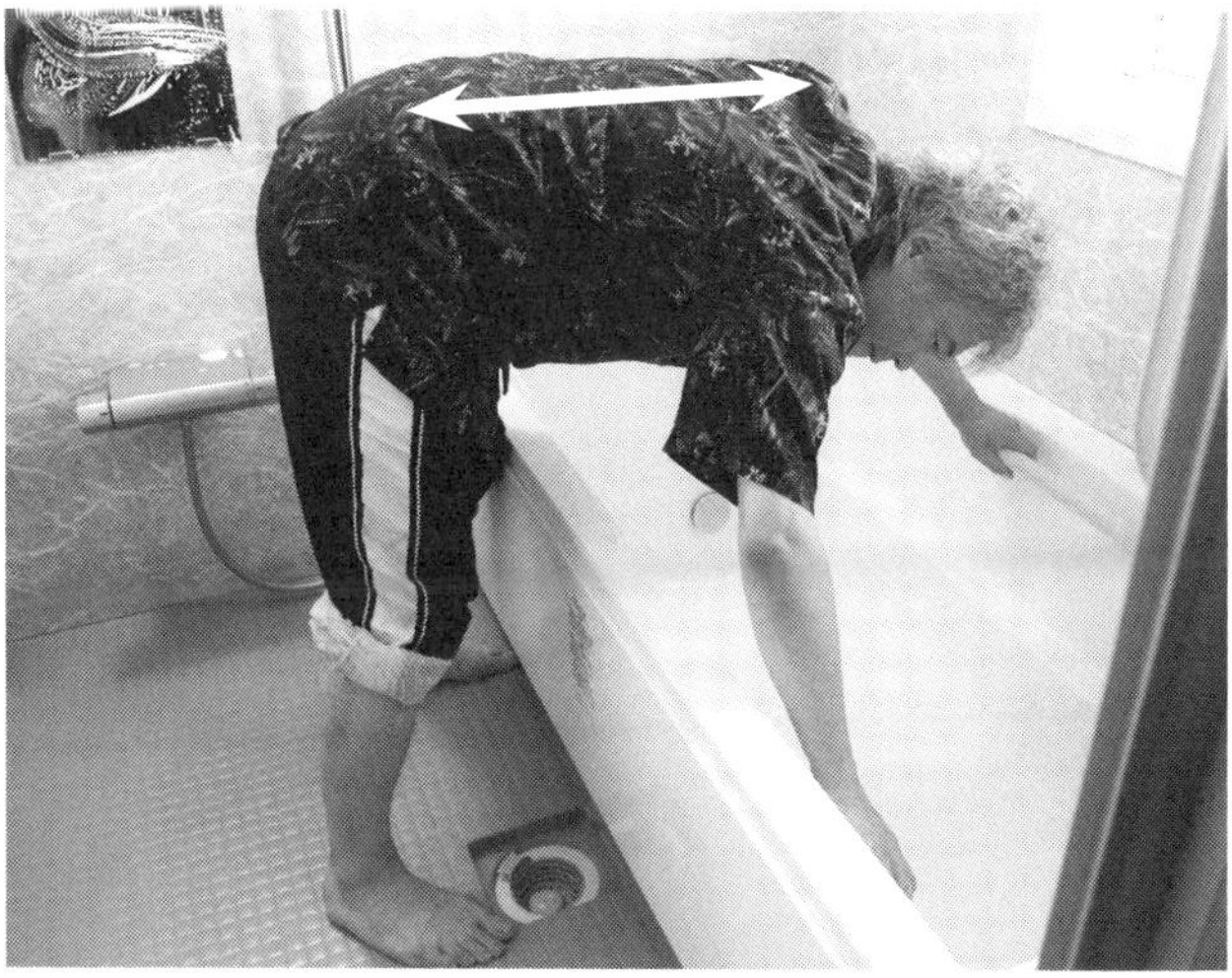

11 日常生活の中でも張力は鍛えられる

フレックストレーニングは日常生活の中でも無理なく取り入れやすいトレーニング方法です。日常のどんな場面で張力を鍛えられるか見ていきましょう。

〈お風呂掃除〉

浴槽の外側からお尻を高い位置でキープし、背骨を伸ばしておけば張力を鍛えることができます。

〈草むしり〉

しゃがむ姿勢の代表格である草むしり。背骨の張

力を働かせることで立派なトレーニングになります。カラダが硬くて正しい姿勢を作れない人は、車輪付きの台車を使うことをオススメします。

〈デスクワーク〉

机の前に座ったら、脇を締めて手のひらを上に向けます。肘の位置を固定したまま、手を下に向けてください。この状態でパソコン作業をすると張力が働きやすいため、肩こりや首のこりになりづらくなります。

〈買い物（荷物を提げ持つ）〉

重い買い物袋を持つ時も張力は鍛えられます。まずはバッグや袋の取っ手を中指と薬指で握ること、そして荷物を持つ手をカラダの前ではなく後

オススメ！ 日常生活に張力を働かせる方法

買い物

バッグや袋の取っ手を中指と薬指で握り、カラダの後ろ側に提げることで張力が働きやすくなり、軽く感じられる。

デスクワーク

始める前にまず脇を締めて手のひらを上に向ける。肘を位置を固定したまま手を下に向けると、張力が働きやすく、肩や首がこりにくい姿勢になる。

車の運転

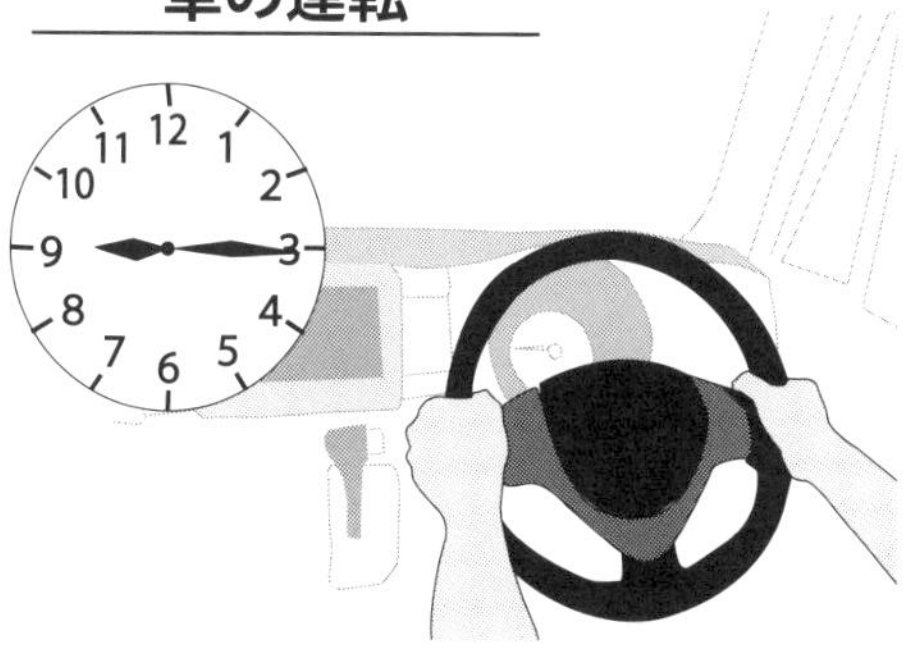

ハンドルを持つ手は、一般には斜め上を持つ〝10時10分〟が推奨されているが、横を持つ〝9時15分〟がオススメ。脇が締まりお腹の緊張が働きやすくなる。

ろ側（お尻のあたり）に持ってくることで張力が働きやすくなり、重さが軽く感じられます。

〈車の運転〉

ハンドルを10時10分の位置で持つことが推奨されてきましたが、9時15分でハンドルを握ることをオススメします。脇が締まり、首や肩の力が抜けてお腹の張力が働きやすくなります。

第6章

フレックス
トレーニング
アドバンス編

この章ではスポーツ動作に繋がるフレックストレーニングをご紹介します。第5章のベーシックトレーニングを余裕に感じた人はこちらのアドバンス編にもチャレンジしてみてください。さらにスポーツを楽しめる動けるカラダを手にすることができます。

1 四股スクワット

お相撲さんは、巨体にもかかわらずカラダが柔らかいことで有名です。四股を踏むスクワットを取り入れることで、股関節の張力が養われ、柔軟性と安定した下半身の筋力、バランス能力を同時に手に入れることができます。

5秒キープ×10回。

2 壁ペタスクワット

日本代表ラグビー選手が怪我をしないカラダを作るために話題になったフレックストレーニングです。両手をバンザイし、胸を壁につけながらスクワットをすることで、上半身の張力が強く働き、しなやかで強靭な背骨を手にすることができます。

5秒キープ×10回。

3 エアープレーン

片足立ちでバランスをとりながら、飛行機が飛ぶような姿勢を作るトレーニング。全身の張力を意識しながらバランスをとることで、股関節の筋力、柔軟性、バランス能力を同時に鍛えることができるフレックストレーニングです。

左右交互に5秒キープ×10往復。

4 オーバーヘッドサイドブリッジ

横向きで張力を感じながら行うトレーニングです。

スポーツではカラダを大きく広く使うことが重要になりますが、サッカーのゴールキーパーが向かってくるシュートを横っ飛びで防ぐために必要なトレーニングでもあります。

左右それぞれ30秒キープ。

5 ブレイクダンスストレッチ

逆四つん這いの姿勢から片手で床を押し、上半身をひねっていくブレイクダンスのウォーミングアップにも使われるフレックストレーニング。上半身や体幹の張力が働き、ブレイクダンサーのような柔軟でしなやかな背骨、肩、肋骨や肩甲骨を養うことができます。

左右交互に5秒キープ×10往復。

6 ツイストツゥータッチ

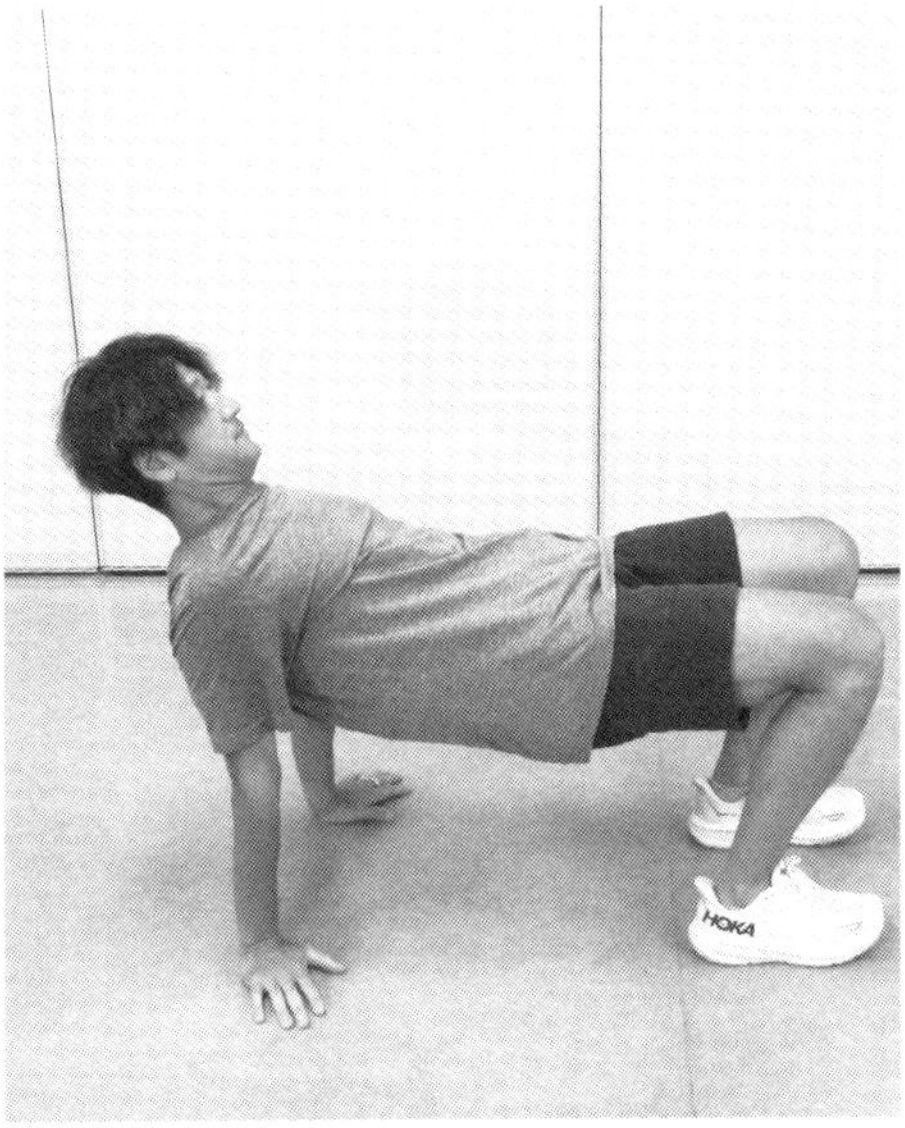

これもブレイクダンスのしなやかな動きに繋がります。逆四つん這いの姿勢から対角線上に手足を伸ばし、バランスをとりながら爪先と手をタッチしていきます。上半身、体幹、下半身など様々な張力が同時に働き、しなやかで力強い動作が手に入ります。

左右交互に5秒キープ×10往復。

7 オーバーヘッドバックランジ

バンザイをした状態で片足でバランスを取り、もう片方を後方へステップバックすると上下方向、前後方向へ張力が働きます。この動作を繰り返すことで人体のテンセグリティ構造が確立され、バランス、柔軟性、筋力が格段に向上します。

左右交互に10往復。

8 オーバーヘッドブルガリアンスクワット

バンザイをした状態で片足は前に、もう片方をベンチ台の上に乗せます。そこから深くしゃがんでいくと上下方向、前後方向へ張力が働きます。深くしゃがむほど股関節に強力な張力が働きます。一般的に負荷は重さや重量という概念を持つ人は多いと思いますが、深さという負荷もアスリートにとっては重要な概念となります。

5秒キープ×10回左右別々に。

9 サイドスクワット

横方向へ足を踏み出し、下に沈み込むスクワットをすることで、内転筋周辺の張力を養うことができるフレックストレーニングです。スピードスケートなど横方向への張力を鍛えたい人には必須のメニューです。

左右交互に5秒キープ×10往復。

10 バランスボールレッグハンドパス

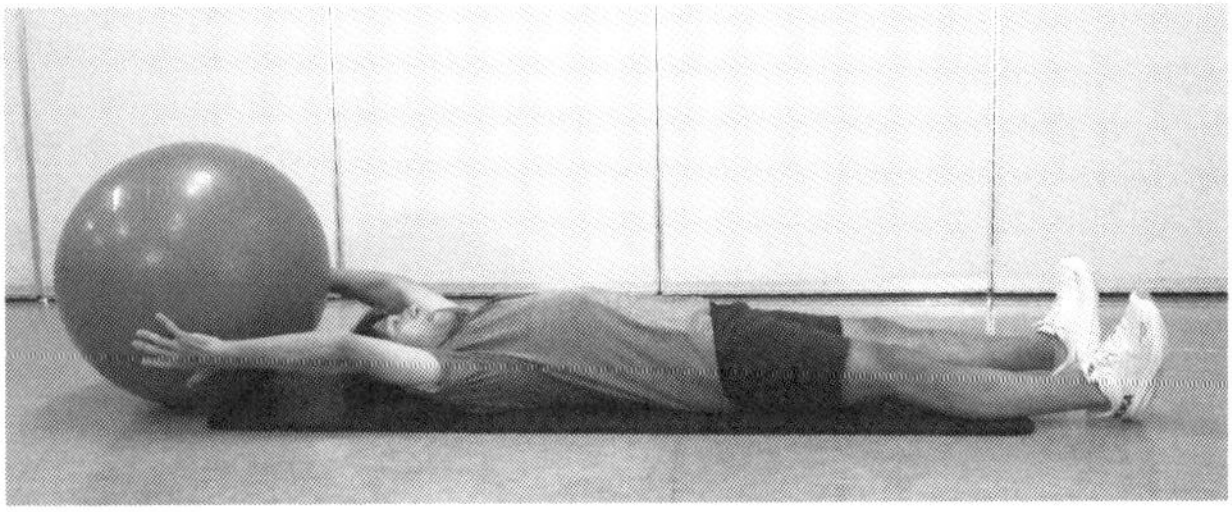

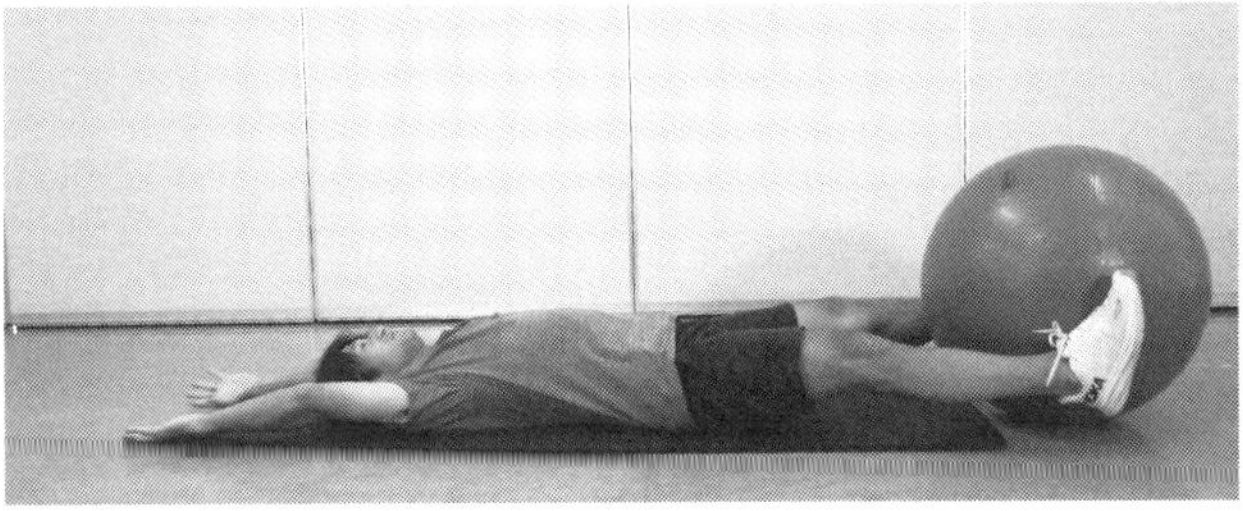

膝&肘を伸ばしたまま手と足でボールのパスをします。体幹部の張力を利用しながらこのフレックストレーニングを行うことで、全身のしなやかな強さを手に入れることができます。

10往復。

第7章

フレックストレーニングQ&A

質問① フレックストレーニングはストレッチなの？ 筋トレなの？

フレックストレーニングは、柔軟性と筋力アップの両方に効果があります。 ただし、筋力や柔軟性は個人差がありますので、同じフレックストレーニングを行っていても、人によってカラダの感じ方は異なります。例えば、筋力が少ない人にとっては、フレックストレーニングは筋トレのように感じられるかもしれません。

一方、柔軟性が不足している人にとっては、フレックストレーニングはストレッチの要素が強く感じることもあるでしょう。重要なのは、自分の体の状態を理解し、無理をせずに適切な範囲でフレックストレーニングを行うことです。正しいフォームと意識を持ってトレーニングすれば、柔軟性と筋力の両方を高め、健康でバランスの取れたカラダを作り上げることができます。

質問② どのくらいの頻度でトレーニングすればいいの？

フレックストレーニングの頻度は個人の目標や現在のフィットネスレベルによって異なりますが、**目安として週に2〜3回のトレーニングを行うことが効果的です。**

さらに、自身の目標やフィットネスレベルに応じてトレーニングの内容や強度を調整することで、より効果的な結果を得ることができるでしょう。トレーニングを始める際には、パーソナルトレーナーの指導を受けることや自己評価を行いながら調整することが望ましいです。

質問③ 負荷を高めるためにはどうしたらいいの？

負荷を高めるためには、2つの方法があります。「深さという負荷」と「重さという負荷」です。

これらの方法を巧みに使うことで、効果的なトレーニングを実現することができます。

まずは「深さという負荷」は関節の可動域を最大限に活用することで筋肉に負荷をかける方法です。トレーニングの動作において、関節の可動域を広げることでより多くの筋繊維を刺激することが可能となります。関節の可動域を意識することで、トレーニングの効果を高めることができます。

次に「重さという負荷」はダンベルやバーベルなどの重量を用いて筋肉に直接的な負荷をかける方法です。重量を増やすことで筋肉により強い刺激を与え、成長や強化を促進します。ただし、負荷を高める際には無理な重量を扱わないよう注意が必要です。安全かつ適切な重量を選ぶことが重要であり、トレーニングの効果を最大限に引き出すためには慎重な計画が必要です。

ただし、**どちらの方法を選んでも「背筋ピーン」の基本姿勢を保つことが最も重要です。正しい姿勢をキープすることで、トレーニングの効果を最大限に引き出し、怪我のリスクを低減します。**自分自身のカラダの限界を知り、無理な負荷をかけないよう心掛けましょう。バランスの取れたトレーニングと適切な負荷を組み合わせることで、より効果的かつ安全なトレーニングが可能となります。

質問④適切な負荷ってどれくらいなの？

フレックストレーニングの適切な負荷についても多くの質問があるのでお答えします。例えば

1セット10回の運動をする時に大切なことが3つあります。

①まずは「姿勢」です。「背筋ピーン」の正しい姿勢をキープできていることが絶対条件です。負荷を高めすぎると、姿勢が崩れて張力は失われ、トレーニング効果は失われてしまいます。**姿勢が崩れない程度の適切な負荷を選択してください。**

②次は「呼吸」です。大切なことなので何度も言いますが、フレックストレーニングで大切なのは、自分の心地よい呼吸のリズムに動きを合わせることです。よく動きに呼吸を合わせている人がいますが、これはカラダに大きなストレスがかかる原因となります。あくまでも**自分の心地よい呼吸のリズムを味わい、そのリズムに動きを合わせられる程度の適切な負荷を選択してください。**

③最後に「張力を味わう感覚」です。フレックストレーニングに大切なのは張力を感じとる感性です。筋トレをする人の中には重量を上げることばかりに執着する人を見かけますが、それは「重さや量をこなすトレーニング」となっています。本来、トレーニングとはカラダの中でどのようなことが起こっているのか？を感じる感性が大切なのですが、こなすことばかりに拘ると本質を見失います。**張力を味わえる、少し余裕を感じる程度の負荷を選択することをオススメします。**

質問⑤ 何セットやればいいの？

トレーニングの世界にはこんな言葉があります。

「1セット行うと気分が良くなり、2セット行うと見た目が変わる。そして3セット目は全く別の身体に生まれ変わる」というトレーニングの考え方はとても重要です。最初は気分の向上が感じられるかもしれませんし、次に見た目に変化が現れることでモチベーションが高まるでしょう。そして3セット目で「全く別の身体に生まれ変わる」という表現は、フレックストレーニングがどれだけ身体に影響を与えるかを示しています。

このような考え方を大切にして、トレーニングを進めることで自分自身の成長や変化をより深く感じることができます。また数字や回数だけでなく、内側からの変化を感じ取ることでトレーニングの効果を最大限に引き出し、より健康的で自信に満ちたカラダを手に入れることができます。フレックストレーニングの素晴らしい特徴を活かし、コツコツとトレーニングを続けてください。

質問⑥ダイエットにも効果があるの？

「フレックストレーニングでダイエットできますか？」そのような質問を受けることがあります。正直にお伝えすると、**フレックストレーニングは短期間で減量をする効果はありません。**例えば半年間の継続したフレックストレーニングで姿勢が良くなり、適度な筋肉がつき、関節可動域が広がることで代謝が良くなりますが、その結果として「痩せやすいカラダ」「太りにくいカラダ」を作ることはできます。しかし短期間で体重を落とすことは期待しないほうが良いです。

具体的な効果的なダイエット法についてはこの本の内容から外れるため割愛しますが、ダイエットの本質はたった一つの言葉に集約されるので次の言葉を覚えておくと良いと思います。

「動く人は食べろ、動かない人は食べるな」

●フレックストレーニングツールのご紹介

また世の中にはさまざまなトレーニングツールが存在しますが、フレックストレーニングと相性の良いツールを3つご紹介します。

①楽体（ラクダ）

②ストレッチバンド

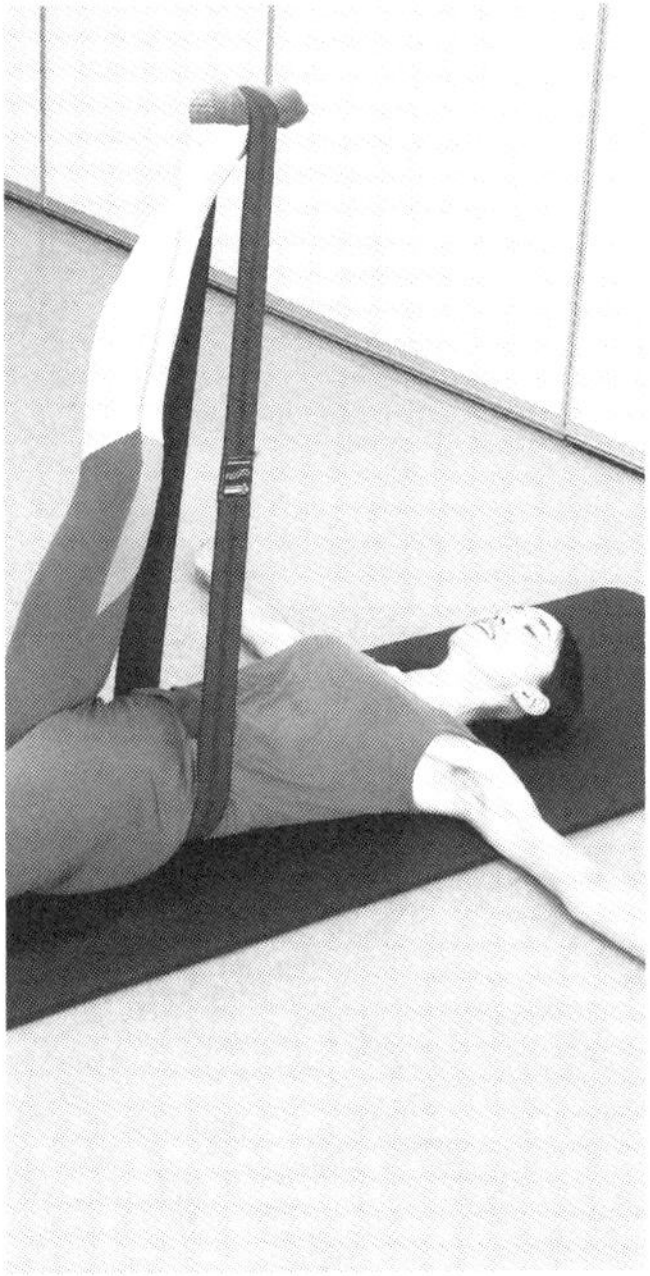

② TMR ベルト

第8章

徹底比較！筋トレVSフレトレ

この章では筋トレとフレックストレーニングの違いについてお伝えします。

〈フィジカル編〉

1 人体の捉え方：圧縮構造vsテンセグリティ構造

筋トレとフレックストレーニングは人体を捉える視点が大きく異なります。筋トレは、人体を圧縮構造体として捉える考え方に基づいています。

圧縮構造とは、力の伝達において特に圧縮方向への作用を持つという考え方です。一方、フレックストレーニングは新たな視点で人体を捉えるアプローチで、テンセグリティ構造という考え方に基づいています。テンセグリティ構造とは、テンション（張力）とインテグリティ（統合性）を組み合わせた言葉で、全身の筋膜が互いに引き合う力＝張力が調和し合うことで全体としての安定性を保つ構造を指します。このアプローチにより張力を鍛えることで、全身の筋力、柔軟性、バランス、安定性などを同時に向上させることができるのです。

このように、筋トレとフレックストレーニングでは、人体の捉え方が大きく異なります。筋トレは特定の筋肉を強化し、圧縮構造としての考え方を重視する一方、フレックストレーニングはテンセグリティ構造に基づいてカラダ全体の調和と統合を追求するトレーニングです。

2 目的：魅せるカラダ VS 動けるカラダ作り

魅せるカラダや脱げるカラダを作るためには、筋トレによって引き締まった筋肉を得ることが重要視されます。特定の部位を集中的に鍛え、筋肉を増強することで、ボディビルダーのようなかっこいい造形美を作り上げます。一方、フレックストレーニングは、動けるカラダを追求する人にとって理想的なトレーニング方法です。

フレックストレーニングでは、張力、関節の可動域や柔軟性、バランスを重視してトレーニングを行います。動けるカラダを作るためには、筋肉だけでなく、筋膜や結合組織などの全身の要素をバランスよく鍛えることが重要です。フレックストレーニングは、カラダの機能性を向上させることに重点を置き、動きの質を高めることを目指します。

筋トレとフレックストレーニング、それぞれは異なるカラダ作りの目的に向けて効果的な手段です。魅せるカラダを目指す場合は筋トレ、動けるカラダを目指す場合はフレックストレーニングというように、自分の目標やニーズに合ったトレーニングを選択することが大切です。

3 意識：筋肉を意識する vs 関節を意識する

筋トレでは特定の筋肉に意識を置き、筋力向上や筋肉の発達を追求します。筋トレは、重いウエイトを持ち上げることによって負荷をかけ、筋肉に刺激を与えることが主な目的です。筋トレをすることで、筋肉のパフォーマンスやカラダの引き締まりを実感することができます。一方、**フレックストレーニングは、動作中の骨や関節の動きに意識を置き、動きの質を向上させることを目指します。**フレックストレーニングでは、重いウエイトよりも自分の体重や軽いウエイトを使いながら、正しい姿勢や動きを保つことに重点を置きます。これにより、カラダ全体の柔軟性や張力を高めることができます。

4 筋肉：アウターマッスル主体VSインナーマッスル主体

筋トレは目に見える大きな筋肉であるアウターマッスルを主に鍛えるトレーニングです。鍛えたい筋肉をターゲットにして重いウエイトを使い、その筋肉のサイズや力強さを増すことに焦点を置きます。このトレーニングは、外見の魅力を高めることを重視しており、ボディビルダーなどがよく行う手法です。

一方、フレックストレーニングでは、アウターマッスルだけでなく、深層の筋肉であるインナーマッスルも活性化されます。**フレックストレーニングは自分の体重や軽めのウエイトを使いながら、内側からのバランスや姿勢の改善に重点を置き、インナーマッスルの発達をサポートします。**

5 動作の特徴：非日常の動きVS日常の動き

筋トレとフレックストレーニングは、動作の特徴においても異なるアプローチを取ります。筋トレは、非日常的な動きを中心にトレーニングを行う方法です。マシンやウエイトを使った様々なエクササイズや特定の筋肉を強化するトレーニングを行い、カラダに負荷をかけることで筋肉を発達させます。

一方、**フレックストレーニングは日常の動きに特化しています。日常生活で行う様々な動作にフォーカスし、カラダの動きの質を向上させるトレーニングを行います。関節の可動域や姿勢の改善に重点を置き、日常の動きがスムーズかつ効率的に行えるようにします。これにより、日常生活での動作や姿勢の改善に役立ちます。**

6 呼吸：呼吸を止めがち vs 呼吸のリズムに動きを合わせる

筋トレとフレックストレーニングは、呼吸の取り組みにおいても異なるアプローチを取ります。

一般的な筋トレでは、重いウエイトを持ち上げたり、高い強度のエクササイズを行う際に、多くの人が無意識に呼吸を止めがちになる傾向があります。これは、力を集中するために息を止めることで安定感やパワーを得ようとするメリットがあるからです。

一方、フレックストレーニングでは、呼吸のリズムに動きを合わせることが重要なポイントとなります。動作の際には呼吸を止めず、力を出す局面で息を吐くことでカラダのリラックスや安定感が生まれます。特に、関節の可動域を広げるような動きや、カラダの柔軟性を高めるトレーニングでは、呼吸のリズムを整えることが効果的です。呼吸のリズムに合わせて動くことで、動作の流れがスムーズになり、筋肉や関節に無理な負担をかけずにトレーニングを行うことができます。

7 能力：筋力アップ、筋肥大vs筋力・柔軟性・バランスアップ

一般的な筋トレは、主に筋力の向上や筋肉の増大を目指すトレーニング方法です。重いウエイトを使ったり、高い強度のエクササイズを行ったりすることで、筋肉に負荷をかけ、筋力のアップや筋肥大を促します。一方、**フレックストレーニングでは、関節の動きや柔軟性を重視したエクササイズを取り入れることで、筋力だけでなく、全身のバランスや柔軟性も同時に向上させることができます。これにより、カラダの動作がスムーズになり、姿勢の改善やカラダの安定性も高めることができるのです。**

筋力アップや筋肥大を重視する場合は筋トレが適していますが、全身の機能性や柔軟性を高めたい場合はフレックストレーニングが有益です。自分の目標やトレーニングニーズに合わせて、

適切なトレーニング法を選択し、バランスの取れたカラダづくりに取り組むことが大切です。

8 身体感覚：上実下虚 vs 上虚下実

筋トレとフレックストレーニングの身体感覚には大きな違いがあります。スポーツ競技やボディビルダーのような明確な目的や目標を持たない場合、一般的に筋トレをする人は上半身の筋肉を重点的に鍛える人が多く、上半身の筋肉を強化することに多くの時間を費やします。これによって「上実《じょうじつ》下虚《かきょ》」の身体感覚になりやすい人が多いと言えます。一方、フレックストレーニングでは上半身だけでなく、下半身や全身のバランスを重視します。特に、関節や筋膜といった下半身の構造や動きを意識することで、全身のバランスを整えることを目指します。**フレックストレーニングは全身の調和を大切にし「上虚《じょうきょ》下実《かじつ》」の身体感覚が手に入ります。**（第2章　4　身体感覚の話：上虚下実と上実下虚を参考にしてみてください）

9 身体デザイン：パーツメイク vs ラインメイク

フレックストレーニング		一般的な筋トレ
張力トレーニング	専門名称	筋力トレーニング
テンセグリティ（張力）構造	人体の捉え方	コンプレッション（圧縮）構造
使える筋肉・動ける身体づくり	目的	魅せる身体・脱げる身体づくり
6～100歳	対象年齢	12～39歳
関節・骨	動きの主	筋肉
筋肉	動きの従	関節・骨
日常の動作に直結している	動作の特徴	非日常の動作が多い
呼吸のリズムに動きを合わせる	呼吸	止めがち
UP↑↑	筋力・筋肥大	UP↑↑↑↑
UP↑↑	柔軟性	DOWN↓
UP↑↑	バランス	DOWN↓
連動性	個と連動	個別性
筋膜のラインメイク	身体デザイン	筋肉のパーツメイク

筋トレは、一般的に部分的なパーツメイクが主流とされています。つまり、特定の部位の筋肉を集中的に鍛えて発達させることを重視します。例えば、アームカールで腕の筋肉を鍛えたり、レッグプレスで脚の筋肉を強化したりすることが一般的です。これにより、個々の部位の筋肉を際立たせ、パーツごとに変化をもたらす身体デザインが可能となります。

一方、**フレックストレーニングは筋膜を中心としたラインメイクです。筋膜を伸ばしながらトレーニングを行うことで、全身のバランスを整える総合的な身体デザインが可能となります。**

10 起源：西洋式vs東洋式

筋トレは西洋式トレーニングとして広く知られています。西洋の筋トレは、主に筋肉の発達を重視し、個々の筋肉を際立たせることを目的としています。特定の部位を集中的に鍛え、力強い筋肉を身につけることを目指します。また重量を使ったトレーニングや機器を活用したトレーニングが一般的であり、個別の筋肉群をターゲットにしたメニューが多く存在します。

一方、フレックストレーニングは東洋式トレーニングとして捉えることができます。フレックストレーニングは、西洋式の筋トレとは異なるアプローチを持っており、カラダの柔軟性やバランス、関節の可動域を重視します。東洋のフレックストレーニングは、ヨガやストレッチなどの要素を取り入れ、全身の連動性やエネルギーの流れを重要視します。**フレックストレーニングは伝統的な東洋の健康法や哲学の影響を受けており、カラダと心の調和を目指すトレーニングとしても捉えることができます。**

11 コンセプト：No Pain No Gain! VS自分のカラダを大切に丁寧に扱おう

筋トレは「No Pain No Gain（痛みなくして得るものなし）」という考え方が象徴的です。筋トレの世界では、苦しいトレーニングや限界を超える努力が成果を生むと信じられています。トレーニング中の負荷や辛さを乗り越えることで、強靭な筋肉を手に入れることが目標とされています。

一方、フレックストレーニングは「自分のカラダを大切に丁寧に扱おう」という考え方が中心です。フレックストレーニングのアプローチは、カラダのバランスと柔軟性を重視し、無理な負荷や過度のストレスを避けることを重要視しています。トレーニングを通じてカラダを酷使せず、むしろ内側からのケアとコントロールに注力し、カラダ全体の調和を目指すのが特徴です。

筋トレの"No Pain No Gain"は、短期間での効果を重視するトレーニングスタイルを示しています。一方、**フレックストレーニングの「自分のカラダを大切に丁寧に扱おう」は、持続的な健康と身体の調和を追求する姿勢を象徴しています。**

12 運動前：今日もやらなければ vs 今日も気持ちよく動かそう

筋トレの世界では「今日もやらなければ」という強い意志の力がトレーニングに臨む原動力となります。目標達成のためには、欠かせない努力や決意があり、その一つ一つのトレーニングが成長への一歩となります。

一方で、フレックストレーニングは「今日も気持ちよく動かそう」という軽やかで前向きな気持ちでトレーニングに取り組む姿勢を大切にしています。無理なくカラダを動かし、心地よい感覚を追求することで、トレーニングが楽しくなり、長続きする習慣を築くことが目標です。

このように筋トレとフレックストレーニング、両者の運動前の心構えには対照的なエッセンスがありますが、どちらも重要な意味を持っています。筋トレの強い意志は目標に向かって頑張る精神力を高め、成果を追求する上で不可欠です。一方、**フレックストレーニングの気持ちよい動きはストレスを和らげ、トレーニングを心地よい習慣に変えることができます。**

13 運動中：キツイ！ツラい！VSカラダを伸ばして気持ちがいい〜

運動中、筋トレとフレックストレーニングは対照的な感情を抱えています。筋トレでは「キツイ！ツラい！」という気持ちがトレーニングの中心になります。重い負荷や高強度のトレーニングに挑戦することで、筋肉を鍛え上げようとする意欲が強く、その一瞬の辛さに耐えることが大切です。無理をしてでも、限界に挑戦し成長を目指すのが筋トレの精神です。

一方、フレックストレーニングでは「カラダを伸ばして気持ちがいい〜」という心地よい感覚がトレーニングを彩ります。ストレッチや関節を動かす動作によってカラダが心地よく伸びる感覚があり、気持ちよさがトレーニングのモチベーションになります。心地よい動きを重視し、無理なくカラダを動かすことで、楽しさと健康を手に入れるのがフレックストレーニングの特徴です。

筋トレとフレックストレーニング、両者は運動中の感情においても対照的な要素がありますが、どちらも大切な要素です。筋トレのキツイけれどもがんばる忍耐力は成果を追求し、自己成長を達成する上で欠かせません。一方、**フレックストレーニングの気持ちのよい動きはストレスを解消し、健康的な生活への道を楽しむことができます。**

14 運動後：何とかやりきった！ vs 動きやすい！

運動後の感覚において、筋トレとフレックストレーニングは対照的な心境を抱えています。筋トレでは「何とかやりきった！」という達成感が広がります。高強度のトレーニングや重い負荷に立ち向かい、限界を乗り越えたという充実感があります。辛さを乗り越えた喜びと達成感がトレーニングの成果につながるのです。

一方、フレックストレーニングでは「動きやすい！」という身軽な感覚が広がります。ストレッチや関節の動かし方によってカラダが軽やかになり、動きがスムーズになる感覚があります。カラダの硬さやこわばりを解消し、リラックスした状態でトレーニングを終えることができます。

筋トレとフレックストレーニング、両者は運動後の感覚においても対照的な要素がありますが、どちらも大切な要素です。筋トレのやりきった感覚は成果を達成し、自己克服の喜びを得る上で欠かせません。一方、**フレックストレーニングの身軽な感覚はカラダのリラックスと心地よさを**

カラダで感じ、健康的な生活の充実感を得ることができます。

15 マインド：量をこなすトレーニング vs 動きの質を味わう

筋トレとフレックストレーニングのマインドにおいて、それぞれのアプローチが異なった心構えを持ちます。筋トレは量をこなすトレーニングを重視します。重い重量を持ち上げたり、多くのセットやレップを行ったりすることで、筋肉の強化や成長を目指します。筋トレのマインドは努力と忍耐を重んじ、継続的なトレーニングが重要視されます。

一方、フレックストレーニングは動きの質を味わうことに重点を置いています。カラダの動きや姿勢を正確に意識し、関節の可動域を最大限に活かすことを追求します。正しいフォームや動作を重視し、動きの質を高めることで、柔軟性やバランス、カラダの調和を追求します。フレックストレーニングのマインドは感覚と意識を研ぎ澄まし、カラダの内側に注意を向けることに焦点があります。

筋トレとフレックストレーニング、両者はマインドにおいても対照的なアプローチを持っていますが、どちらも大切な要素です。筋トレのマインドは努力や粘り強さを鍛え、目標に向かって向き合う強い意志を養うことができます。一方、**フレックストレーニングのマインドは自己観察や感覚を磨き、カラダとのつながりを深めることができます。**

16 身体感覚：内部感覚vs内部感覚＋外部感覚

筋トレとフレックストレーニングの身体感覚において、それぞれ異なるアプローチを持っています。筋トレでは主に内部感覚に焦点を当てます。重いウエイトを持ち上げたり、筋肉を収縮させることに集中し、カラダの内部で感じる筋肉の動きや緊張を重視します。筋トレにおいては、重さを乗り越えることや筋肉のパワーを発揮することが重要視されます。

一方、フレックストレーニングでは内部感覚と外部感覚を融合させたアプローチが特徴です。カラダの内部で感じるだけでなく、外部の要素とも調和しながら動くことに重点を置きます。関節の可動域を意識し、正しい姿勢や動きを追求する際に、カラダの内部感覚と外部からの情報を統合します。フレックストレーニングは内なる感覚に加えて、周囲の環境やカラダの動きとの一体感を大切にします。

つまり筋トレの身体感覚は、筋肉や力の感覚に集中することで、パワーと強さを高めるためのトレーニングに適しています。一方、フレックストレーニングの身体感覚は、カラダ全体のバランスと調和を追求し、動きの質を向上させるためのトレーニングに適しています。フレックストレーニングでは、内部感覚と外部感覚の融合により、より自然で効率的な動作が可能となります。

17 運動習慣：継続しないと筋肉が衰える恐怖 vs これなら私でも続けられる

筋トレとフレックストレーニングの運動習慣において、それぞれ異なる側面があります。筋トレでは、一度でも継続しないと筋肉の成長や維持が難しくなるという恐怖がつきまといます。重いウエイトや高い負荷を扱うため、定期的にトレーニングを続けなければ筋肉が衰えてしまうリスクがあります。そのため、筋トレの運動習慣は断続的なトレーニングを積み重ねることが重要です。

一方、フレックストレーニングは運動の質と健康的なカラダを重視したアプローチです。張力を鍛えることで筋肉の柔軟性やバランスを高めるため、高い負荷が必要な筋トレに比べてカラダへの負担が軽減されます。フレックストレーニングは、無理なくカラダに馴染む動作を取り入れることで、継続しやすい運動習慣を築くことができます。

筋トレの運動習慣は「頑張らないと結果が出ない」というプレッシャーを感じることがありますが、フレックストレーニングは「無理をしなくても効果がある」という安心感があります。**フレックストレーニングは毎日の生活の中で取り入れやすい動作を重視し、無理なく続けることができます。**

18 期間：短期的なカラダ作り（3ヶ月限定）VS長期的なカラダづくり（3年以上）

筋トレは短期的なカラダ作りに向いています。例えば3ヶ月限定のトレーニングプランを組むことで、効果的に筋肉の増強や筋肥大を促進することが可能です。ウエイトを使ったトレーニングによって、一定期間内に目に見える変化を実感できることが筋トレの魅力です。

一方、フレックストレーニングは長期的なカラダづくりに適した方法と言えます。フレックストレーニングはカラダの機能性を高め、関節の可動域や柔軟性、姿勢を改善することを重視します。これらの要素を高めるためには、時間と継続的な努力が必要です。3ヶ月では完全な変化を

フレックストレーニング		一般的な筋トレ
日本人向けトレーニング	対象人種	西洋式トレーニング
自分の身体は 大切に・丁寧にあつかおう	コンセプト	No Pain, No Gain （痛みなくして得るものなし）
今日も気持ちよく身体を動かそう♪	トレーニング前	ハァ～今日もやらなければ
身体を伸ばして気持ちいい♪	トレーニング中	ウゥ～キツい・ツラい
動きやすい～♪	トレーニング後	フゥ～今日もやりきった
動きの質を味わう	マインド	重さや回数など量をこなす
内部感覚＋外部感覚	身体感覚	内部感覚
日常生活の質が向上し これなら私でも続けられる	運動習慣	継続しないと筋肉が衰える恐怖
長期的な身体作り（３年）	期間	短期的な身体作り（３ヶ月）

得ることは難しいかもしれませんが、長期的に取り組むことでカラダ全体の健康をサポートし、美しい動きと機能美を手に入れることができます。

つまり筋トレは短期的な効果を重視し、限られた期間内に結果を出したい方に向いています。一方、フレックストレーニングはゆっくりと時間をかけて、カラダの根本的な変化を追求する方に適しています。

第9章

カラダが作るココロ、ココロが作るカラダ

人間の心とは時に単純であり、時に複雑なものです。

特に運動に対するモチベーションに関しては、一筋縄ではいきません。

前日の夜は「よし！明日の朝は早起きして運動しよう！」と思っても
朝になると「(－－)..zzz 眠いから、寝よう…仕事終わって、夜は運動しよう…」

そして夜になると「仕事終わったけど、今日は疲れたから、早く帰ろう…明日の朝やろう！」


そんな負の循環を繰り返す経験、これまでのあなたの人生でも一度や二度ではないはずです。

(笑、もちろん私もです…)


健康を保つためにも運動が大切なことは頭では理解していても、なかなかモチベーションが持続しないことは誰でもあるでしょう。そこでこの章では、運動がしたくなる心の作り方について探求していきます。継続的な運動を行うためには、心に火を灯すための何かが必要です。運動がしたくなる心を育てるためのヒントやアプローチを探求し、日々の運動に活かせるような方法を共有していきます。

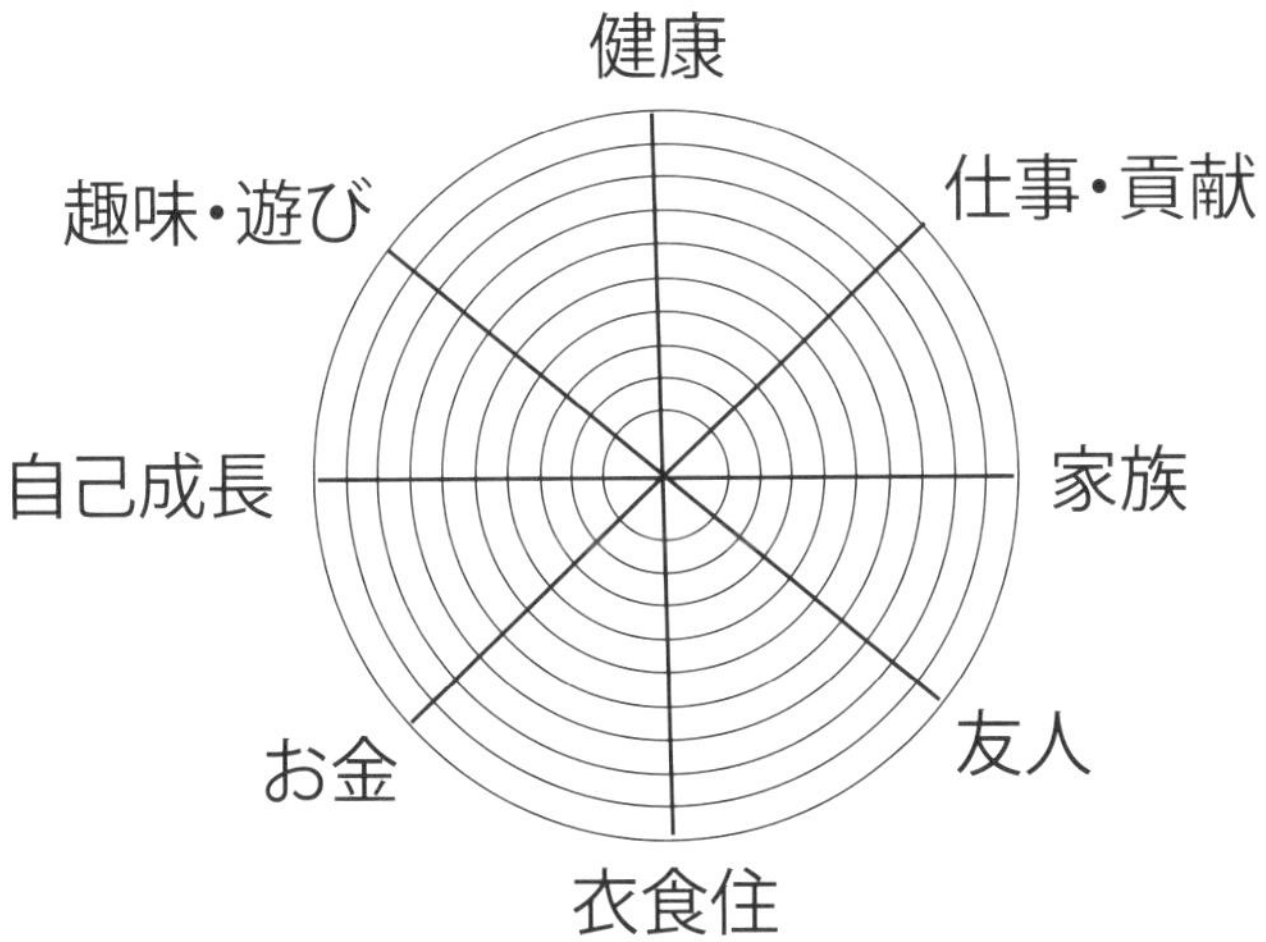

1 ココロのカラクリを知る

今のあなたは漠然とした不安やモヤモヤした悩みを抱えて生きていますか？

それとも「今日も素晴らしい1日だ！」と幸せを感じながら生きていますか？

まずは自分でも気づいていないかもしれない心の内側を知るワークをしてみましょう。

こちらの円グラフをご覧ください。

人生は8個の分野で形成されています。

健康／仕事・貢献／家族／友人／衣食住／お金／自己成長／趣味・遊び

この8個の分野の現在のあなたの自己満足度をチェックしてみてください。（10点満点です。自分の中での合格点を7点とします）

このテストの大切なところは他人からの評価ではなく自分での評価であることが重要なポイントです。例えば年収1000万円稼いでいる人がいたとします。自分は仕事で1000万円もいただけてとても満足している、と感じる人は7点以上の点数をつけます。でも同じ1000万円稼いでいる人でも、まだまだ足りないと感じている人は3点の点数をつけるかもしれません。つまり他人からの評価ではなく自分の中での評価がとても大切です。

どんなに仕事が9点、お金が8点でも、健康が3点だと心は満たされません。
どんなに衣食住が10点でも、家族との関係が2点だと心は満たされません。

このように見えない心を見える化してみると、自分の人生を冷静に判断することができるのではないでしょうか？

心が満たされていない状態＝何かしらの不安や悩みを抱えている状態

これが人の心のカラクリです。つまり自分の人生をこの8個の分野のバランスを考えながら構築し、足りないところの点数を少しずつ上げていくことが人生100年時代に心を満たしながら、幸せを感じながら生きる秘訣です。

さて、健康面が6点以下の人は、未来に向かってカラダに一抹の不安を抱え続けて生きることになります。例えば健康面を3点と評価した人はいきなり10点を目指すのではなく、まず4点にするためには何をしたら良いか？を考えていくと良いのではないでしょうか？

2 継続は力なりどころか「継続しか力にならない」

「継続は力なり」という言葉がありますが、運動やカラダ作りの分野に関しては残念ながらこの言葉が大きく当てはまります。

「継続しか力にならない」

この本でご紹介したフレックストレーニングは筋力、柔軟性、バランス、姿勢や動きの改善など、あらゆる面でカラダの変化を実感することができます。そしてこのトレーニングの本質は、一時的な効果だけではなく、長期的な健康と日常のパフォーマンス向上を目指すことにあります。しかし忙しい日々やモチベーションの低下によって、トレーニングを続けることが難しくなることもあるでしょう。そんな時はまずはこの言葉を思い出してください。

運動に関しては「継続しか力にならない。」

でも約束します。正しい努力を継続すればカラダは何歳からでも必ず変わります。

3 カラダ作りの4Tをコントロールする

カラダ作りには重要な4つのTがあります。

まずは体調・体型・体重の頭文字の3つのTです。運動を始めようと考えるほとんどの人は、まずはこの3つのTのどれか、もしくは全てを改善したいのは間違いないと思います。そしてその3つを改善するためには「運動・食事・睡眠」の3つを管理することになります。そして、その運動・食事・睡眠をコントロールしているものがTime（時間）という概念です。

「時間がなくて、運動ができない」
「仕事が忙しくて、時間がないからコンビニのお弁当になってしまう」
「深夜番組が面白いから、睡眠時間が足りない」

つまり時間をコントロールできない人は、健康づくりに苦労します。
時間の概念は言い訳として使いやすいので、運動、食事、睡眠は後回しになります。

一方、時間をコントロールできる人は、健康づくりは簡単です。

「朝早く起きて、運動する時間を作ろう！」
「時間帯によって、食べたいものを自分でコントロールする！」
「仕事の時間を管理して、早寝早起きができるようになった！」

このように時間をコントロールできる人こそが体調、体型、体重もコントロールすることができるのです。この4つをコントロールできる人が自己管理ができている人とも言えます。

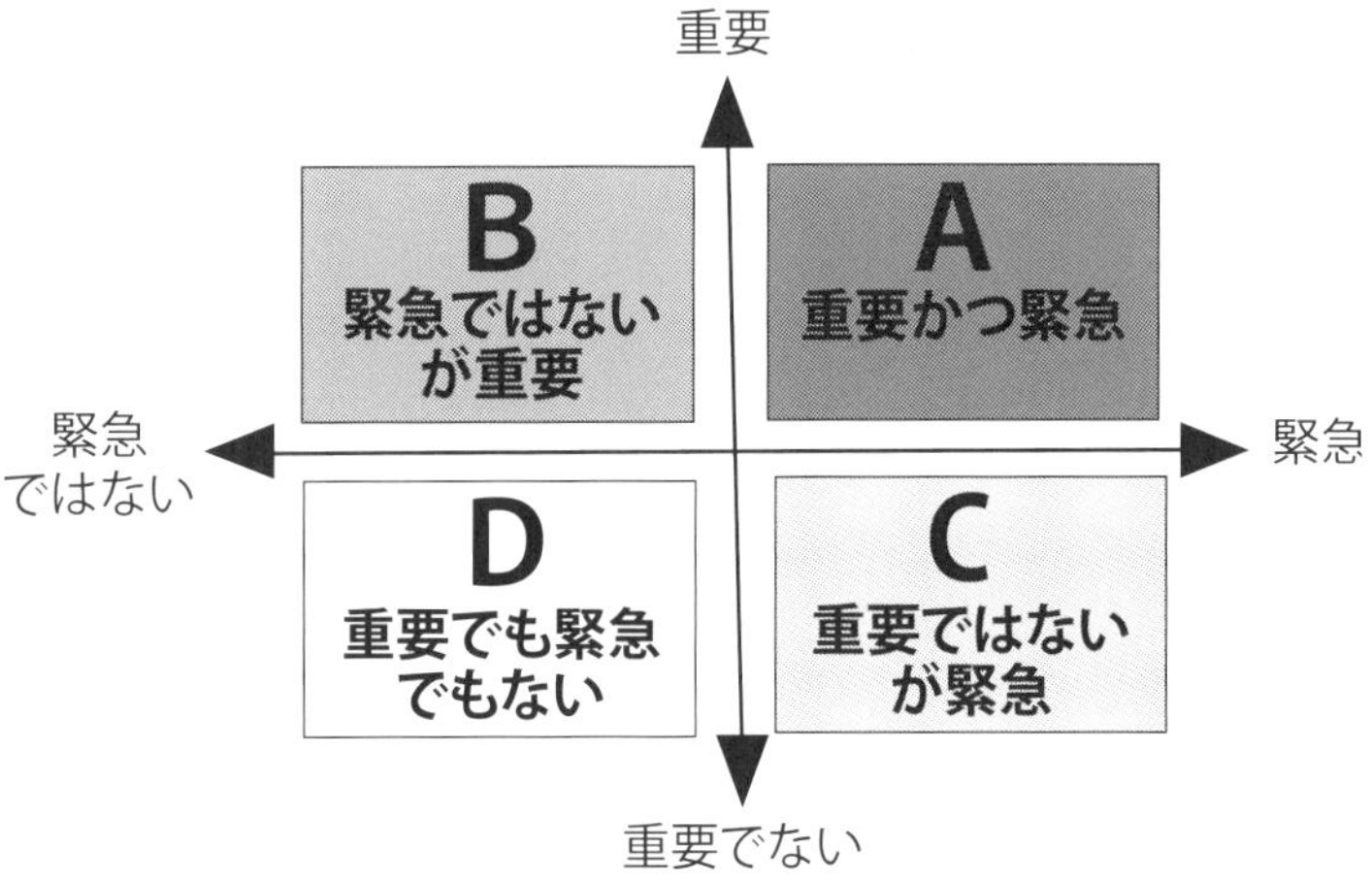

更にこちらの図をご覧ください。
縦軸が重要度、横軸は緊急度の図の中では4つのエリアに分かれます。

A（重要かつ緊急）
B（緊急ではないが重要）
C（重要ではないが緊急）
D（重要でも緊急でもない）

この中で日常の運動習慣は間違いなくB（緊急ではないが重要）に当てはまります。

運動習慣を持つことが重要なことは誰もが認識していますが、特に今日運動をしなくても、明日

1日に大きな変化はありません。しかしその後の人生でその皺寄せが必ず来るのがBになります。だからこそ1日のタイムスケジュールの中でBを積み重ねる人は、その後の人生で成功や成幸を掴む人なのかもしれません。

私が経営している葉山のパーソナルトレーニングジムY'S BODY & MENTAL FACTORYは朝6時から夕方6時まで営業していますが、午前中枠の予約が6か月前から埋まります。**つまりBのためのTime（時間）をコントロールできる人は3つのT（体調、体型、体重）をコントロールすることが簡単になるのです。**

4 自分以外のためのモチベーションを探る

運動を始めるきっかけは人それぞれです。何か新しいことにチャレンジしたいという好奇心から始める人もいれば、健康診断の数値を改善したくて始める人、自分自身を向上させたいという欲求から始める人もいるでしょう。そしてその動機や想いこそが運動を始める最も強力なパワーとなります。

そこで一つモチベーションを高める重要なポイントをお伝えします。それは「自分のためよりも、自分以外の誰かのためならばモチベーションは衰えにくい」ということです。

人は自分のためだけでは、なかなか頑張れません。でも自分以外のためなら、不思議と力が湧いてくる経験をしたことはありませんか？

例えば愛する子供を持つ親なら誰しもが共感するかもしれません。子供の安全や幸福を守るためなら、火事場の馬鹿力が湧き上がることはよく知られた事実です。そのような愛情や思いやりが運動のモチベーションに結びつくことで、モチベーションは進化します。

自分以外のためのモチベーションが、私たちの内なる力を呼び覚ます鍵になります。

さて、あなたは誰のために運動を習慣にしますか？

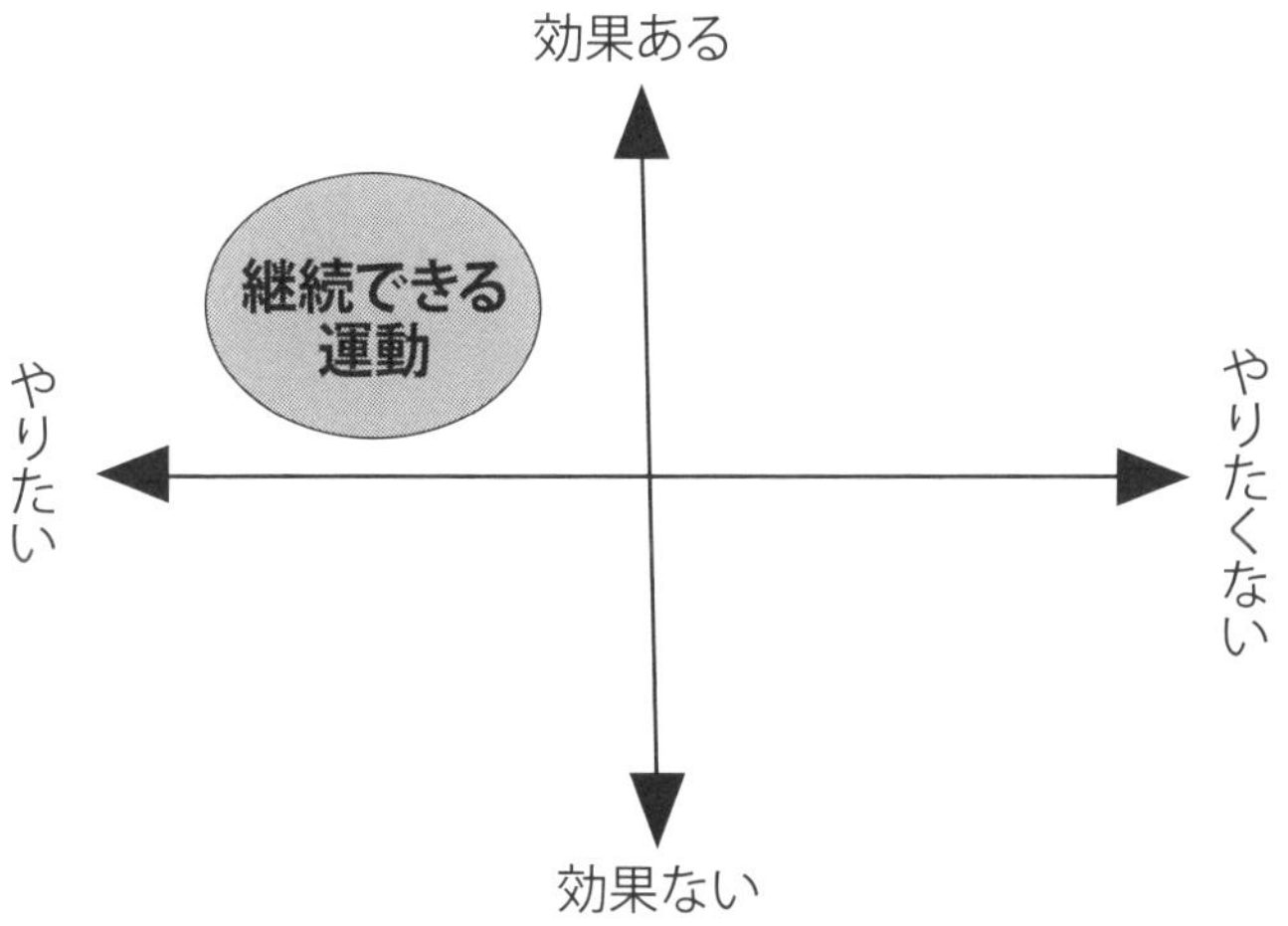

5 効果あるし、やりたいと思える運動を探す

さて、**継続したくなる運動とはなんでしょうか？ それは効果を実感できる運動であり、やりたいと思える運動です。逆に効果はあってもやりたくない運動を人は続けることはできません。**

例えばフレックストレーニングは、ただ闇雲にカラダを動かすのではなく、運動の中で気持ちよさを感じることができるトレーニングです。カラダを伸ばすことで心地よい緊張感が生まれ、心地よさとともに効果を実感することができるでしょう。

運動は楽しく、効果的であることが大切です。フレックストレーニングはその両方を兼ね備えた運動です。これまでの運動に対するネガティブなイメージを払拭し、効果がありつつもやりたいと思える運動としてフレックストレーニングを試してみてください。そうすれば、運動が楽しくなり、日々のトレーニングが続けやすくなることでしょう。自分のカラダと向き合いながら、効果的なフレックストレーニングで心もカラダも健やかに整えていきましょう。

6 キツイとき、苦しいとき、何を考えているか？

運動中にキツイと感じる瞬間は、実は運動を継続する本質が隠れていると言えます。

例えば、運動を継続できない人は「早く終わらないかな？」というマインドで運動をしています。彼らはキツイと感じる瞬間を避けようとし、楽な方向へ逃げることを考えてしまいます。しかし、この考え方では本当の成長は得られません。運動の中での苦しみや挑戦を避けることで、自己にとっての限界に立ち向かう機会を逃してしまうのです。

一方、継続できる人は「このキツイを乗り越えれば、自分は変われる」というマインドで運動

に臨みます。彼らはキツイと感じる瞬間を自分を成長させるチャンスだと捉え、逆境を乗り越えることで自分自身を向上させようとします。彼らは目標を持ち、その目標に向かって努力する喜びを感じるのです。運動の中での苦しみや困難に立ち向かうことで、自己の可能性を信じ、限界を超えていく力を培っていくのです。

運動中のキツイと感じる瞬間こそが、運動を継続する本質を知るための大切な時です。それは自分自身と向き合い、成長するための試練であり、新たな可能性を切り拓くための一歩なのです。自分がキツイと感じる瞬間を乗り越えることで、より強く、より成長した自分に出会えるのです。この過程が、本当の意味での運動の喜びや充実感をもたらすのです。

7 21日間で運動を習慣化できる「インキュベートの法則」

人間は習慣の生き物です。そして習慣とは生きるリズムとも言い換えることができます。また新しい習慣とは新しい靴に似ていて、最初の2、3日はあまり履き心地が良くないけど3週間くらい経つと慣れてきます。だから**どんなことも最初の21日間はエネルギーを使いますが、それを乗り越えれば最初に意識していた習慣が無意識の習慣に変わります。**これを行動心理学で「イン

1.01の法則 $1.01^{365}=37.8$ こつこつ努力すれば、やがて大きな力になります

0.99の法則 $0.99^{365}=0.03$ 逆に少しずつサボれば、やがて力がなくなります

キュベートの法則」と呼びます。

フレックストレーニングも同様です。初めは慣れていない動きや姿勢に戸惑うこともあるかもしれませんが、習慣として定着させるためには21日間の継続が大切です。最初の数日はエネルギーを使いながらも、習慣として取り入れることで徐々に身についていきます。

8 継続の秘訣 1・01と0・99の法則

「1・01と0・99の法則」は、日々の小さな積み重ねが将来の結果に与える影響を示す法則です。1・01は日々1％ずつ成長し続けることを表し、0・99は日々1％ずつ減少し続けることを表します。この微小な差が365日後には大きな差となり、未来を変える力を持っています。

例えば、1・01の成長率であれば、1日目が1とすると、365日目には37・78となります。一方、0・99の減少率であれば、365日目には0・03となります。わずかな差が、1年後の未来を大きく変えるのです。

この法則を理解し、日々の行動に意識を向けることで、365日後の未来を想像することができます。小さな努力や改善を積み重ねていくことで、大きな成果を得ることができるのです。健康への取り組みや学びの継続、人間関係の改善など、どんな分野でもこの法則が活かされます。

未来を想像するとき、自分がどちらの法則を選択するか、意識的に選び取ることが重要です。1・01の成長率であれば、成長し続ける喜びや達成感を味わえるでしょう。0・99の減少率であれば、失うものを減らす努力や改善の方向に導かれるかもしれません。

365日後の未来を想像するとき、自分がどんな未来を築いているか、その行動がどれだけ影響を与えるかを考えることで、より深みのある意識を持つことができるでしょう。日々の小さな積み重ねが、未来を豊かにする力を持っていることを感じながら、目標に向かって邁進していきましょう。

体験者の声

昔は運動が苦手だった私にとって、未来のために納得しながら進められるフレトレに出会えたことはとても運が良かったと思います。終わった後にカラダが気持ちい〜と叫んでいます。
（40代・女性）

今までは闇雲に筋肉を鍛えることばかり考えていましたが、フレトレに出会ってカラダ作りの考え方が大きく変わりました。おかげさまで悩んでいた腰痛がまったくなくなりました。
（50代・男性）

大きな病気がきっかけで運動習慣の大切さを知りフレトレを始めました。カラダを伸ばしながらの気持ちのいい運動なので、薬よりも効果があると実感しています。
Flex Training is Medecine
（50代・女性）

私たちは夫婦で世界を旅することが趣味なのですが、フレトレを続けてきたおかげで80歳をすぎても自分の足で軽やかに旅を楽しんでいます。たくさんの方に知って欲しいです。
（80代・夫婦）

老化による猫背に悩んでいましたが、フレトレの習慣化でとても若く見られるようになりました。肩の痛みも無くなったこともビックリです！
（70代・女性）

私は筋トレが大の苦手だったのですが、人体構造に基づいたフレトレのおかげで気持ちよく運動が継続できています。量ではなく、質の高いトレーニングを求めている人にオススメです。
（40代・男性）

おわりに

正直にお話しすると、フレックストレーニングは20年間の〝後悔と反省〟の積み重ねから出来上がった運動法です。私はトレーナーになってからの最初の10年間、運動生理学や人体のメカニズムなどカラダの理屈ばかりに偏った指導をしていて、運動が苦手な人や運動嫌いな人の気持ちを理解することが上手にできませんでした。

「もう少し私の気持ちに寄り添って、トレーニングを指導してもらえませんか？」

ある時、クライアント様からそのようなお言葉を頂いた時期と、自分自身の筋トレのやり過ぎによる二度の救急搬送という時期が重なったことで、パーソナルトレーナーとして大切なことに気づかされ、カラダとココロの両面からの新たな研究が始まりました。

「健康なカラダづくりの本質とは何だ？」
「幸せを感じるココロとは何だ？」
「誰もが継続できる運動とは何だ？」
「適切な運動の負荷とは何だ？」

「質の高い運動とは何だ?」

この哲学的な問いを10年間考え続けてたどり着いたものが、張力という新しい概念とフレックストレーニングです。

AI、テレワーク、宅配サービス、車の自動運転、ドローンデリバリー、VR(仮想現実)、ロボット介護・・・今、私たちはそんな便利すぎる時代を生きています。つまり今よりもカラダを動かさずに生活できる時代になったということは、運動を習慣にしないと心身共に健康に生きることは難しい時代になったということでもあります。だからこそどんな人にでも継続可能な運動法を考え続けることが私たちトレーナの使命だと思っています。

本書でご紹介したフレックストレーニングがこれからの長い人生の中で一生涯、継続できる運動としてあなたの一助になってくれればとても嬉しいです。そしてこの本を通じて、あなた自身の健康と未来に向けて一歩を踏み出す手助けとなり、健康で充実した人生を歩む一助となることを願っています。

2023年12月

葉山 Y'S BODY & MENTAL FACTORY パーソナルトレーナー　日高靖夫

【参考文献】

・『ボディワイズ』ジョゼフ・ヘラーウィリアム・A・ヘンキン、春秋社、1996
・『アナトミー・トレイン』Thomas・W・Myers、医学書院、2012
・『コアパフォーマンス・トレーニング』マーク・バーステーゲン、大修館書店、2008
・『筋力を超えた「張力」で動く！』JIDAI、BAB JAPAN、2019
・『腰痛を治すからだの使い方』伊藤和磨、池田書店、2011
・『究極の身体』高岡英夫、講談社、2006
・『筋肉よりも骨を使え！』甲野善紀、松村卓、ディスカヴァー携書、2014
・『スポーツ選手なら知っておきたいからだのこと』小田伸午、大修館書店、2005
・『肉単』『骨単』河合良訓、NTS、2004
・『調子いい！がずっとつづくカラダの使い方』仲野孝明、sanctuary books、2019
・『疲れないカラダの使い方図鑑』木野村朱美、池田書店、2020
・『見るだけで体が変わる魔法のイラスト』小池義孝、自由国民社、2017
・『ずぼらヨガ』崎田ミナ、飛鳥新社、2017
・『動ける身体を一瞬で手に入れる本』中嶋輝彦、青春出版社、2013
・『ハートで感じるストレッチ』松本義光、ハートフィールドアソシエイツ、2007
・『疲れないカラダ大図鑑』夏嶋隆、アスコム、2021
・『１分間だけ伸ばせばいい』佐藤義人、アスコム、2019
・『コアビリティトレーニング超走』山下哲弘、ベースボールマガジン社、2005
・『魔法のストレッチ』黒田美帆、大村佳子、マキノ出版、2020

著者

日高靖夫（ひだか やすお）

株式会社Y'S BODY FACTORY代表パーソナルトレーナー
神奈川県葉山町で会員数限定100名のパーソナルトレーニングジムY'S BODY & MENTAL FACTORYを運営。20年間で10,000人以上の指導経験を持つ個人指導のスペシャリスト。
39歳の時、ストイックな筋トレのやり過ぎが原因で2度の救急搬送をされ、筋トレが出来ない身体になる。その経験を糧に運動生理学・骨格構造学・スポーツ心理学・メンタルトレーニング・コーチング学を融合したオリジナルの張力メソッド「フレックストレーニング®」を開発し、2018年に商標登録化。2019年には秀和システムから初の書籍「タテ伸びモーションでマイナス10才愛され美ボディメイク」を出版。
現在は、プロアスリート、医者、経営者、女優、モデル、映画監督、アナウンサーなど体に対して高い意識を持つ40歳以上のクライアントを数多くサポートしている。また湘南ビーチFMラジオにも定期的に出演、「週刊女性」「からだにいいこと」「ハルメク」「FYTTE」など雑誌掲載も多数あり、メディアを通じて身体作りの情報を積極的に発信している。

モデル

三好絵梨子（みよし えりこ）

3歳より光永晶子バレエスタジオにてクラシックバレエを始める。1996年 米アーカンソー州立バレエに短期留学。成城大学にてモダンバレエを菊池純子に師事、卒業後もJ's dance studioにて公演に出演するとともに講師を務める。現在はGOLD'S GYM、En Dance Studio にて講師を務める。

装幀：谷中英之
本文デザイン：中島啓子

“よく動くカラダ”を手に入れる！

張力《フレックス》トレーニング

2023年12月30日　初版第1刷発行

著　　者　日高 靖夫
発 行 者　東口 敏郎
発 行 所　株式会社ＢＡＢジャパン
〒151-0073 東京都渋谷区笹塚1-30-11 ４・５Ｆ
TEL　03-3469-0135　　FAX　03-3469-0162
URL　http://www.bab.co.jp/
E-mail　shop@bab.co.jp
郵便振替 00140-7-116767
印刷・製本　中央精版印刷株式会社

ISBN978-4-8142-0594-3　C2075
※本書は、法律に定めのある場合を除き、複製・複写できません。
※乱丁・落丁はお取り替えします。

スポーツ、ダンス、演技、武術…etc. すべての動きに通じるメソッド！

エネルギーは身体の「すきま」を流れる！ 動きの本質力向上メソッド

書籍　筋力を超えた「張力」で動く！

誰もが動きの天才になれる！スポーツ、武術、身体表現…、すべてに通じる「力まない動き」！全身をつなげ、エネルギーを通す！あらゆる「動き」が質的転換される方法をわかりやすく紹介。

● JIDAI 著　●四六判　● 208 頁　●本体 1,400 円＋税

筋トレ・ストレッチ以前の運動センスを高める方法

書籍　「動き」の天才になる！

力みなく、エネルギーを通す、最大効率の身体動作を学ぶ。無理な身体の使い方だと気づかずにトレーニングすれば、早く限界が訪れケガもしやすい。思考をガラリと変えれば、後天的に運動神経が良くなる！エネルギーラインが整った動きは、気持ち良い。語り得なかった“秘伝”をわかりやすくこの一冊に。

● JIDAI 著　●四六判　● 256 頁　●本体 1,400 円＋税

感情＝身体エネルギーで、「思い通り」を超える能力が発現

書籍　再創造する天性の「動き」！

最高のパフォーマンスを生む、真の“気持ち良い動き”とは? 言葉を介さずに自己の内面を表現し他者と共有するマイムアーティストである著者が、アートマイムの探求から辿り着いた「感情＝身体」のコントロールで、誰もが眠っていた運動センスを開花できる。エモーショナル・ボディワークを公開！

● JIDAI 著　●四六判　● 248 頁　●本体 1,400 円＋税

走る・投げる・突く・蹴る・触れる… 動作別エネルギーの通し方

書籍　運動センスを一瞬で上げる！

“神経回路”が組み替わる！気持ち良く動き、力も速さもアップ！アートマイムの探求から辿り着いた、筋力を超える身体動作の極意。あらゆるスポーツ、武術、ダンス、演技を一気に底上げする運動神経の高め方を、具体的に紹介！「動き」の種類別にわかりやすく解説！筋トレ、ストレッチ以前のレベルを高める！

● JIDAI 著　● A5 判　● 232 頁　●本体 1,600 円＋税

相手に伝わる“動きの質”を高める！

書籍　「正しい脱力」講座

力の消失ではなく“最適化”。「力まない」ことは「力の消失」ではない。動かす部分と動かさない部分を分け、適切にコントロールすることだ。それによってラクに動け、最大の力が伝わる。武術、スポーツ、芸事はもちろん、日常動作でも使える。空前絶後の「脱力講座」、いざ開講！

●広沢成山 著　●四六判　● 216 頁　●本体 1,500 円＋税

注目の身体訓練法を、映像で学ぶ！

力を"すきま"に通し、最大化するワーク

DVD　張力の作り方

すきまとは、主に骨と骨の間（関節）、気道（呼吸の通路）、誰にでもあるもの。キーワードは収縮ではなく膨張です。全身の"すきま"に着目した身体訓練法で愛好家の注目を集めるJIDAIメソッドを開発者自らが豊富な実践法と共に丁寧に解説。

●指導・監修：JIDAI　●51分　●本体5,000円＋税

常識の殻をやぶるJIDAIメソッド

DVD　「動き」の天才になるDVD

「流れのない動き」「無意識の力み」「小手先」は、武術、スポーツに限らず「上手く動けない」人の潜在的問題点。この悩ましい状態を誰にでもトライ出来る方法で良い状態に導いていくのが身体のレッスン「JIDAIメソッド」。「何か足りない」と試行錯誤をされている方に是非試してもらいたいレッスンを凝縮したDVDです。

●指導・監修：JIDAI　●51分　●本体5,000円＋税

JIDAIメソッド

DVD　脳の書き換え体操

隅々までエネルギーを通し、全身を滑らかに動かす。本DVDでは【・全身の協調性・身体にエネルギーを通す・重力の活用・張力、脱力、浮力】との融合をテーマとして【・身体の隅々までエネルギーが行き渡る状態・滑らかで、全身が動く、身体の感覚と使い方】を様々な身体訓練を通して磨いていきます。

●指導・監修：JIDAI　●83分　●本体5,000円＋税

骨を意識すれば脱力はできる！

DVD　「力の抜き方」超入門 脱力のコツ

【アイソレーション（分離・独立）】を用いて可能にさせる【脱力】メカニズムの新機軸！脱力というのは誰もが気になるテーマであると同時にどうやって身につければ良いのかわからない技術でもあります。今回はそんな脱力の中でも骨を手がかりに肩の力の抜き方について説明していきます。

●指導・監修：広沢成山　●73分　●本体5,000円＋税

「力の最適化を目指す」超入門

DVD　丹田のコツ

「骨」「脱力」「分離」の三大要素で【丹田】を作る！骨盤周辺への意識から、【丹田】を養成する画期的メカニズムを"脱力のプロ"が解明する！

●1丹田とはなにか●2股関節の分離●3仙骨の締め●4丹田と手の内●5丹田とのつながり●EX握手崩し...etc

●指導・監修：広沢成山　●56分　●本体5,000円＋税

武道・武術の秘伝に迫る本物を求める入門者、稽古者、研究者のための専門誌

月刊 秘伝

毎月 14 日発売

● A4 変形判
●定価：本体 909 円＋税

古の時代より伝わる「身体の叡智」を今に伝える、最古で最新の武道・武術専門誌。柔術、剣術、居合、武器術をはじめ、合気武道、剣道、柔道、空手などの現代武道、さらには世界の古武術から護身術、療術にいたるまで、多彩な身体技法と身体情報を網羅。

月刊『秘伝』オフィシャルサイト

古今東西の武道・武術・身体術理を
追求する方のための総合情報サイト

WEB 秘伝

http://webhiden.jp

秘伝　検索

武道・武術を始めたい方、上達したい方、
そのための情報を知りたい方、健康になりたい、
そして強くなりたい方など、身体文化を愛される
すべての方々の様々な要求に応える
コンテンツを随時更新していきます !!

秘伝トピックス

WEB 秘伝オリジナル記事、写真や動画も交えて武道武術をさらに探求するコーナー。

フォトギャラリー

月刊『秘伝』取材時に撮影した達人の瞬間を写真・動画で公開！

達人・名人・秘伝の師範たち

月刊『秘伝』を彩る達人・名人・秘伝の師範たちのプロフィールを紹介するコーナー。

秘伝アーカイブ

月刊『秘伝』バックナンバーの貴重な記事がWEB で復活。編集部おすすめ記事満載。

情報募集中！カンタン登録！ **道場ガイド**

全国 700 以上の道場から、地域別、カテゴリー別、団体別に検索 !!

情報募集中！カンタン登録！ **行事ガイド**

全国津々浦々で開催されている演武会や大会、イベント、セミナー情報を紹介。

月刊「秘伝」をはじめ、関連書籍・DVDの詳細もWEB秘伝ホームページよりご覧いただけます。
商品のご注文も通販にて受付中!